湖北省教育厅科学技术研究项目(D20171401)
湖北工业大学博士科研启动基金项目(BSQD13075)
资金资助

企业并购能力与并购绩效问题研究

宋迎春　著

中国水利水电出版社
www.waterpub.com.cn
·北京·

内容提要

本书从我国上市公司连续并购现象出发，整合组织学习理论、企业资源理论和并购效率理论，详细分析我国上市公司并购能力的学习机制。在此基础上，运用组织学习过程理论，探讨和检验高管（团队）知识、经验对并购能力的影响，并运用经验学习理论，系统地检验企业并购经验对并购绩效的调节效应。本书还运用Cox风险比例模型，检验了并购经验对并购成功率的影响。

本书有两个特点：第一，跟踪了并购能力研究最新趋势。对国内外并购能力与并购绩效问题的研究进行了全面的梳理，追踪了最新的研究现状，为研究相关问题的学者提供学习和阅读的参考依据。第二，解读了上市公司连续并购现象背后的经验效应。结合我国上市公司存在的连续并购这一现象，运用上市公司连续并购数据分析并购经验对并购能力和并购成功率的影响，为研究相关问题的学者提供数据参考。

本书适合从事并购理论与实务的研究人员及对并购问题感兴趣的读者等。

图书在版编目（CIP）数据

企业并购能力与并购绩效问题研究 / 宋迎春著. -- 北京 : 中国水利水电出版社, 2018.9 (2024.1重印)
ISBN 978-7-5170-6929-4

Ⅰ. ①企… Ⅱ. ①宋… Ⅲ. ①企业兼并－研究－中国 Ⅳ. ①F279.21

中国版本图书馆CIP数据核字(2018)第221631号

策划编辑：雷顺加　责任编辑：宋俊娥

书　　名	企业并购能力与并购绩效问题研究 QIYE BINGGOU NENGLI YU BINGGOU JIXIAO WENTI YANJIU
作　　者	宋迎春　著
出版发行	中国水利水电出版社 （北京市海淀区玉渊潭南路1号D座 100038） 网址：www.waterpub.com.cn E－mail：sales@waterpub.com.cn 电话：(010)68367658(营销中心)
经　　售	北京科水图书销售中心（零售） 电话：(010)88383994、63202643、68545874 全国各地新华书店和相关出版物销售网点
排　　版	北京智博尚书文化传媒有限公司
印　　刷	三河市元兴印务有限公司
规　　格	170mm×240mm　16开本　10印张　210千字
版　　次	2019年1月第1版　2024年1月第2次印刷
印　　数	0001—3000册
定　　价	48.00元

前 言

近年来，全球在并购上的投资达到史无前例的水平，我国企业并购活动也日益频繁和活跃，而与此同时，并购活动失败率却居高不下，甚至在并购交易的初期阶段即以失败告终。纵观国内外对企业并购能力研究的演变过程，不论是直接讨论并购能力，还是间接从并购经验去考察并购能力，在一定程度上可以归结为并购能力建立和发展的问题。

并购能力的建立和发展需要知识、经验的不断投入和时间的累积。而在我国，真正市场化的并购历史还很短，并购能力的不足成为困扰企业进行外部扩张、实现战略发展的重要障碍。我国学者曾经对并购能力问题进行过探讨和研究，但遗憾的是，并购能力在目前仅被作为一个概念提出，有关并购能力的研究停滞不前，对并购能力的界定有分歧，对并购能力的度量还处于初级阶段。市场化并购将并购能力问题提到议事日程，基于并购能力问题的重要性及相关研究的匮乏性，本书拟以并购能力作为研究对象，从经验学习角度系统地分析和研究。

本书共分为 7 章。其中，第 1 章为绪论，阐述选题的背景及其意义、基本概念、主要内容、研究框架、研究思路、研究方法以及创新点。第 2 章为基本理论与研究现状，介绍并购能力发展依赖的理论基础，以及国内外关于并购经验与并购绩效的研究现状，并对其进行述评。第 3 章为并购经验、并购能力与并购绩效的内在机理和研究假说。第 4 章为高管（团队）知识、经验对并购能力影响的实证研究。第 5 章为连续并购、并购经验与并购绩效关系的实证研究。第 6 章为并购能力与并购成功率关系的实证研究。第 7 章为研究结论、启示与未来研究方向，首先归纳总结全书的研究成果和启示，从注重人力资本、刻意学习机制以及重视并购能力发展三个方面提出建议，最后说明了研究局限性，并展望未来的研究方向。

本书研究结果表明：①管理（团队）知识、经验与并购能力存在正相关关系，但不显著。但是，管理团队中的 CEO、CFO 个人知识与经验对并购能力有显著影响。②前后两次并购时间间隔短，管理者对并购中获取的并购经验学习不充分，会给当前并购带来较差的并购绩效。进一步的研究结果还发现，之前的并购经验，会使并购绩效发生反转。③运用生存分析的 Cox 风险比例模型发现，没有并购经验的企业并购成功率低于有并购经验的企业。

由于作者学识和水平有限，书中难免存在疏漏与不足之处，恳请各位读者不吝赐教。

宋迎春

2018 年 5 月于诺丁汉大学

目 录

第1章　绪论

1.1　研究背景与研究意义

1.1.1　研究背景

全球在并购上的投资达到史无前例的水平，我国企业并购活动也日益频繁和活跃，尤其近年来产业型并购增多，并购重组服务于实体经济功能特征明显，主要表现在提高行业集中度和企业竞争力的横向兼并、淘汰过剩产能重组、新兴产业重组上市、推动混合所有制和提高公司治理的重组以及跨境并购等（王啸，2018）。据证监会官方数据显示，2016年中国上市公司并购交易金额达到了23900亿美元，年均增长率41.4%，居全球第二。其中，产能过剩行业有118家上市公司实施并购重组，交易金额2336.78亿美元，占全市场并购重组交易金额的9.8%；战略性新兴行业有270单并购重组交易，交易金额3253.31亿美元，占全市场并购重组交易金额的13.6%；国有控股企业有678单并购重组交易，交易金额10200亿美元，占全市场并购重组交易金额的42.7%等①。根据清科研究中心资料显示②，2015年中国并购市场共完成2692起并购交易；2016年中国并购市场共完成3015起并购交易，同比增长15.3%。对1998—2010年上市公司527起并购事件的样本统计研究，有2次并购经验的企业接近四成（图1-1）。说明近年来我国企业连续并购次数逐步增长，很多企业在短期内进

---

① 上市公司并购重组服务实体经济转方式调结构取得明显成效[EB/OL]. http://www.csrc.gov.cn/pub/newsite/gjb/dyxc/201708/t20170815_322153.html，2018－04－17.

② 2016年中国并购市场年度研究报告[EB/OL]. http://research.pedaily.cn/report/free/1476.shtml，2018－04－17.

行多起并购以实现其既定战略目标。

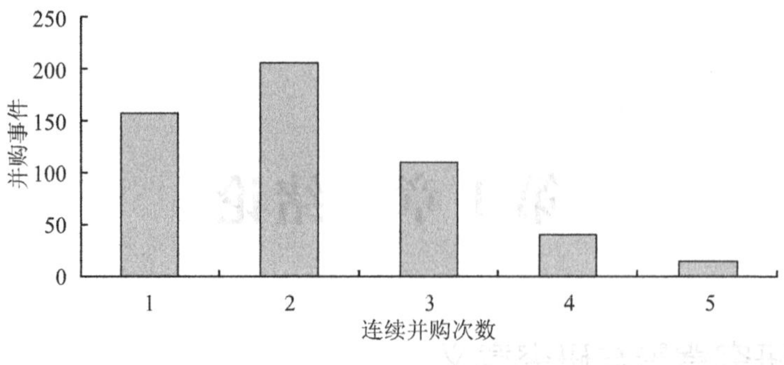

图 1－1　样本公司并购频次

与此同时，我国的并购活动失败率却居高不下，甚至在并购交易的初期阶段即以失败告终，是哪些因素影响并购成败，并购企业又应该如何提高并购成功率呢？Banal－Estanol 等（2011）认为并购失败源于达不到预期的协同效应，由于信息不对称，并购之前并购双方不够了解，并购之后合同和协调出现问题。基于并购前信息的最优选择是同意并购，但并购后放弃努力，寄希望于通过搭便车方式，依靠并购后对方的努力，获得并购收益弥补并购成本。如果并购双方都是基于这样的考虑，并购最后会走向失败。Cuypers 等（2017）同样基于信息不对称，发现如果并购双方均有并购经验，那么当目标企业拥有较多并购经验的时候，会获取更多的价值。即目标企业获得了经验优势，并运用这种经验优势，以及利用信息不对称进而捕获更多的并购价值，反之主并企业获得更少或者没有。Friedman 等（2016）则认为由于并购中对目标的识别、选择合适的目标企业、谈判有利的交易、优化并购决策和整合目标都与决策过程中人的偏见和结构问题有关，因此，只有克服高管在决策过程不自觉受到这些因素的干扰，改变并购交易和整合中的沟通环境，才是减少并购失败的根本方法。

人们在寻找并购失败原因的时候，发现并购企业可能本身存在并购能力的缺失（陶瑞，刘东，2012；李东飞，2011）。忽略了自我评价，专注于制定评价目标企业的标准和对选定的目标企业开展尽职调查，导致很多企业因为不清楚自身是否具备并购条件而盲目实施并购，以失败告终。并购能力过低是造成并购失败的重要原因之一。是否善于从并购成败中总结经验教训，并形成特有的并购能力是企业在并购中应该不断思考的问题。原国资委主任李荣融曾说过，我国多数企业不具备海外并购条件，并购是一个机遇，但是要把机遇变成现实，企业需要根据自己的能力。如果能力不够，并购不仅不是机遇，也许会成包袱，甚至使企业走向破产的不归之路。看中了并购的目标，还要看看自己是否具备能力，千万不能干自己能力做不到的事①。因此，本书拟研究：什么是并购能力，如何构建和发展并购能力？并购能力与并购绩效的关系是什么？并购能力的提高是否可以增加并购成功率？

1.1.2　研究意义

如何提高并购能力成为理论界和实务界关注的焦点问题。从国内外对并购能力问题的研究来看，对并购能力所进行的探索主要围绕两种思路展开：国内主要是直接讨论并购能力，包括并购能力的构成要素和并购能力形成的理论基础，但由于能力是一个很复杂的概念，影响企业并购能力形成的因素很多，因此直接研究并购能力难度很大；国外主要是间接研究并购能力，从组织并购经验视角去考察并购能力，认为并购经验是并购能力的替代变量，实证检验了并购能力的相关问题。

纵观国内外对企业并购能力研究的演变过程，不论是直接讨论并购能力，还是间接从并购经验去考察并购能力，在一定程度上，都是强调能力对并购成败影响的重要性，都是旨在提高企业的并购能力，实现企业的战略目标。从某种意义上来说，并购能力问题的演变过程，从本质上可以归结为并购能力的建立和发展的问题。近年来，组织经验学习理论研究表明，经验学习可以改进并购能力，促进能力的发展。Haleblian & Finkelstein(1999)认为随着并购经验的不断积累，企业由新手变为专家。Hayward(2002)认为在企业重复完成相似并购的过程中形成了专用的能力，通过各种历练才能形成通用的能力。Schijven & Barkema(2007)认为通用的能力必须立足于专用的能力。Aktas 等

---

① 李荣融：多数企业尚不具备海外并购条件[EB/OL]. http://finance.sina.com.cn/MA/20090630/09596418341.shtml，2011－10－20.

(2013)认为在CEO(Chief Executive Officer,首席执行官)连任以及前后并购交易相似度越高的情况下,通过连续并购可以获取评估专长和其他收益。Doan等(2018)认为从之前的并购经验中提取的知识有助于完成后续并购。那么,在我国,伴随着市场化并购的进一步加快,连续并购成为一种常态,随着企业并购次数增多由此积累的并购经验能否有效地转化为企业的并购能力,是一个有待检验的实证问题。

1.1.2.1 理论意义

(1)从理论上探讨了我国企业培养和发展并购能力的必要性、存在的问题及对策。作为转型经济和发展中国家,和发达市场国家相比,我国制度还很欠缺,一些非正式的机制在并购中起到很重要的作用,因此在以往的研究中学者更多地注重关系研究,忽视了企业自身的并购能力问题的研究。在市场和制度相对落后的情况下,关系型契约的确可以起到有效配置资源的作用,但是随着经济发展到一定阶段,关系型契约必将让位于市场化契约,能力问题一定会提到议事日程。有并购能力的企业通过真实能力获得并购成功,没有并购能力的企业需要通过持续不断的学习,将学习转化为市场所需要的能力,进而获取并购成功。因此,并购能力发展存在一个时间积累和效应滞后的现象,对并购绩效存在一个门槛效应——需要投入足够量的以及持续一定时间才能产生的效益。

(2)从实证的角度,借鉴国外对并购能力问题研究现状,在充分整合企业资源理论、企业知识理论、组织学习理论之后,将并购经验引入到我国并购问题研究的分析框架中。连续并购是我国目前并购中突出的一个现象,并购经验的数据具有可得性,检验结果发现,有并购经验的企业比没有并购经验的企业并购成功率要高;高管的并购知识和经验,尤其是CFO(Chief Financial Officer,首席财务官)的并购知识和经验对并购能力构建有重要作用;企业的并购经验对并购绩效有正效应;和不相关并购战略相比,相关并购战略给企业带来的绩效要高。这与以往的结论是一致的,为以往相关结论提供了进一步的支持证据。

1.1.2.2 现实意义

(1)刻意学习的机制至少为三类并购企业提供模板。第一为有并购经验但曾经失败的企业提供学习模板,如何在企业间实现并购知识清晰化—编码—分享—内化,这是一个将并购知识显性化过程,为更多人成功并购提供参考依据。第二为没有并购经验的企业提供学习模板,帮助正在进行并购的企业提供榜样进行模仿,模仿目标企业选取、价格的制定、融资银行的选择等。第三为潜在的并购企业提供学习模板,为其将来的并购行动提供指南。

(2)并购是一件非常复杂的交易,由尽职调查、谈判、融资和整合等多个既相互分离又相互依赖的环节组成,每一个环节离不开并购人员的参与,因此,并购人员的专长、经验和知识对于并购成功都会起到重要作用,研究并购人员尤其是高管层的CEO、CFO的知识和经验,包括人力资本、并购技巧和技能对并购成功率提高,进而对并购绩效提高具有重要的现实意义。

本书将在借鉴国内外相关文献的基础上,结合我国上市公司的实际,从企业资源理论、组织学习理论和并购效率理论研究视角入手,详细分析我国上市公司并购能力的学习机制,在此基础上,运用组织学习过程理论,探讨和检验高管(团队)知识、经验对并购能力的影响,并运用经验学习理论,系统地检验企业并购经验对并购绩效的调节效应。本书还将运用Cox风险比例模型,检验并购经验对并购成功率的影响。这些问题的研究,不仅为上市公司并购提供新的经验证据和理论支持,同时对于人们理解并购能力形成的机理以及评价并购能力发展,都具有重要的理论和现实意义。

1.2 相关概念的界定

1.2.1 并购经验

1.2.1.1 并购

并购(Mergers & Acquisitions,M & A)是兼并和收购的简称,在并购过程中涉及收购企业和被收购企业。兼并(Merger)是并购企业购买被并购企业产权的一种投资行为,被并购企业法人地位丧失或者虽然被保留但变更其投资主体。兼并尤指两个企业的合并和归并。收购(Acquisition)是指并购企业用股票或者资产购买被并购企业产权,获得被并购企业的控制权。被并购企业法人地位丧失。因此,兼并和收购实际上都是一种企业产权的交易,它们产生的动因以及在经济运行中所产生的作用基本一致,而且在许多企业兼并收购的实际操作过程中,它们的区别很难划分,作决策所考虑的因素也基本相同,习惯将兼并和收购合起来简称为并购。

因此,并购是实现企业战略和业务战略目标的一种工具,是一个寻找具有互补资源和能力伙伴的过程。

1.2.1.2 经验

辞海中的经验是指由实践得来的知识或技能,也指经历和体验。经验知识不同于编码化知识,编码化知识是显性的、已成体系并可以用正规系统的语言传播的知识,而经验知识是隐含的,是深植于企业文化或者大脑和身体中,很难系统编辑和交流,只能通过某一特定情境中的行动、承诺来表达,并购这种知识只能通过观察、模仿和实践经验才能获得。

1.2.1.3 并购经验

并购经验(Acquisition Experience)就是在并购过程中获得的并购知识或者并购技能。并购经验的第一个特征是并购经验属于隐性知识,难以记录、难以形式化(Nonaka,1991)。获得隐性知识的关键就是体验,没有一定程度的共同体验,一个人很难将自己的想法投影到另一个人的思维过程中去。第二个特征是并购经验属于个人知识。Ravetz(1971)认为,隐性知识根植于个人,已经达到了看起来完全自然的程度。这就是为什么它不能被表达以及为什么依附于知情者的一个原因。第三个特征是实用性(Sternberg,1994),并购经验属于一种并购技巧。第四个特征是并购经验只适用于特定的环境,因为它通常只有在使用到的工作和情况下才会被需要(Sternberg,1994)。

因此,并购经验是企业高管拥有的独特的并购知识以及在并购活动中获取的并购技能。

1.2.2 并购能力

1.2.2.1 能力

能力是指将众多资源结合运用以完成一项任务或活动的才能。资源本身不产生竞争优势,竞争优势是由数项资源的独特组合创造并得以维持。Selinick(1957)认为能力或特殊能力就是能够使一个组织比其他组织做得更好的特殊物质。这种能力或特殊能力即为核心竞争力。竞争优势的关键不在于开始时拥有的资源禀赋,而在于企业对其资源和能力的应用技巧。一个企业的资源禀赋只与该企业的能力有间接的联系,企业能力的关键在于对其资源和能力进行杠杆利用。

1.2.2.2 并购能力

并购能力(Acquisition Capability)的概念借用了组织能力概念,组织能力是企业将资源配置到最终产品的能力,包括个人技巧和专长,也包括企业在其活动中提取的常规、规则和程序。因此,并购能力就是企业有效执行并购不同子过程的能力,是收购人在并购过程中运用的知识和技能,既是过去并购活动中习得的经验,也是企业当下拥有资源和能力的综合体现。并购不同阶段,需要的并购能力不尽相同,因此,根据并购阶段划分,并购能力有识别目标企业能力(Haspeslagh & Jemison,1991)、谈判能力(Zolla & Reuer,2010)和并购整合能力(Zollo,1998;Aktas等,2013)。根据并购模式划分,有管理单次并购的能力和管理并购项目的能力(Keil等,2012)。

因此,并购能力是从连续并购视角,主要研究并购宣告日之前,由高管过去并购经验转化为并购的能力,是并购企业在多次并购中,通过不断学习,不断积累,不断培育和完善的一种行为能力,不包含并购后整合能力。

1.2.2.3 并购能力发展

并购活动是企业增长、获取租金、资源外部创新和维持竞争优势的重要方式,在实现企业战略目标的过程中,经历多起并购,在这个过程中不断改善并购能力,使得并购能力获得发展。

本书研究的并购能力强调并购能力有两个层面。

第一是量的增长,是并购能力发展的初级阶段,通过多起相关并购培养并购能力。相关并购中并购企业和被并购企业可能在经营的各种业务之间的性质不同,但是在生产、经营、技术和渠道等方面可以实现战略上的适应性和相关性。在进行连续的相关并购后,企业能够探索出并购活动的规律,总结成功和失败的并购经验和教训,便于培育专用性的并购技能。

第二是质的改善,是并购能力发展的高级阶段,企业通过检验和修正在初级阶段积累的并购经验,把前一阶段培养起来的并购能力拓展为更广的并购能力,更通用的技能,表现为企业可以进行不相关并购活动。不相关并购是并购企业和被并购企业各种业务之间没有战略意义上的共同因素,脱离现在行业,进入其他行业和市场。

1.2.3 并购绩效

1.2.3.1 绩效

绩效概念中的"绩"表示业绩,"效"表示效率,绩效的基本意思是出色的表现或者成就。绩效有三层含义,首先是对工作结果的整体评价,即完成工作的效率和效能。其次是对过程的评价,即对工作行为、方式以及其后果进行评价,最后，可以理解为工作中对目标达成具有贡献、效益的那一部分。

1.2.3.2 并购绩效

并购绩效(Acquisition Performance)是并购活动中产生的出色表现或者成就。常用会计指标营业净收入、净资产收益率、流动比率和每股收益来衡量并购前后的经营绩效的变化。并购绩效被认为是评价并购是否成功的重要标准。在资本市场发达国家，并购绩效还可以并购时间在公告期内所引起股价的反应来衡量公司并购绩效。例如，超额市场回报率(Laamanen & Keil，2008)、累计市场回报(Hayward，2002)。这两种衡量并购绩效的指标都是基于客观数据之上，还有一种方式是主观测量，通过对应试者提供的财务和非财务信息指标，获得管理者对并购成功感知的数据。例如，对销售发展、市场份额、营业毛利、协同实现以及相对预期的整体满意度的评价(Trichterborn 等，2016)。

并购绩效包含传统意义上的会计基础的并购绩效，衡量并购前后并购企业财务指标的变化。同时，并购绩效还包括并购成功的含义，并购绩效不仅仅是业绩的改进，还有对未来并购活动成功概率的预测。

1.3 研究内容与研究方法

1.3.1 研究内容

本书从我国上市公司并购活动异常频繁，而失败率又非常高的现象出发，分析经验学习对并购能力建立和发展的作用，通过收集首次公告日在2003—2010年的A股上市公司并购事件和相关财务、会计数据，运用理论分析和实证检验并购经验学习对并购能力发展以及并购成功的影响与效应。研究结果表明：①管理(团队)知识、经验与并购能力存在正相关关系，但不显著。但是，管理团队中的CEO、CFO个人知识与经验对并购能力有显著影响。②前后两次并购时间间隔短，管理者对并购中获取的并购经验学习不充分，会给当前并购带来较差的并购绩效。进一步的研究结果还发现，之前的并购经验，会使并购绩效发生反转。③运用生存分析的Cox风险比例模型发现，没有并购经验的企业并购成功率低于有并购经验的企业。全文共分为七章，各章的主要内容如下：

第 1 章为绪论。首先简要阐述选题的背景及其意义，然后分别界定并购、经验、并购经验、能力、并购能力、并购能力发展、绩效、并购绩效等概念，接下来介绍研究的主要内容、研究框架、研究思路和研究方法，最后说明创新点。

第 2 章为基本理论与研究现状。首先，介绍并购能力发展依赖的理论基础，分别为组织学习理论、企业资源理论和并购效率理论。然后，分别回顾国内、外并购经验与并购绩效的文献，并对国内外文献进行述评。

第 3 章为并购经验、并购能力与并购绩效的内在机理和研究假说。首先，提出假设，并购能力发展的前提是并购企业与被并购企业在组织适应性和战略适应性是一致的。然后，应用并购能力发展依赖的三大理论，分析并购能力的学习机制。

第 4 章为高管（团队）认知对并购能力影响的实证研究。首先，研究高管层面的经验，如 CEO、CFO 知识与并购经验对并购能力的影响。然后，再运用事件研究法检验并购事件首次宣告日 2 天的异常回报率来检验管理层并购能力。

第 5 章为连续并购、并购经验与并购绩效关系的实证研究。首先，对公司层面的并购经验与并购绩效关系进行研究。然后，运用基于会计绩效指标来检验公司层面的并购经验与并购绩效关系。

第 6 章为并购能力与并购成功率关系的实证研究。首先，检验并购经验与并购成功率之间的关系以及影响并购成功率的影响因素。然后，运用 Cox 风险比例模型对并购成功率进行分析。

第 7 章为研究结论、启示与未来研究方向。首先，归纳总结全文的研究成果和启示，从注重人力资本、刻意学习机制以及重视并购能力发展三个方面提出政策建议。然后，说明研究局限性，并展望了未来的研究方向。

本书的研究思路如图 1 - 2 所示。

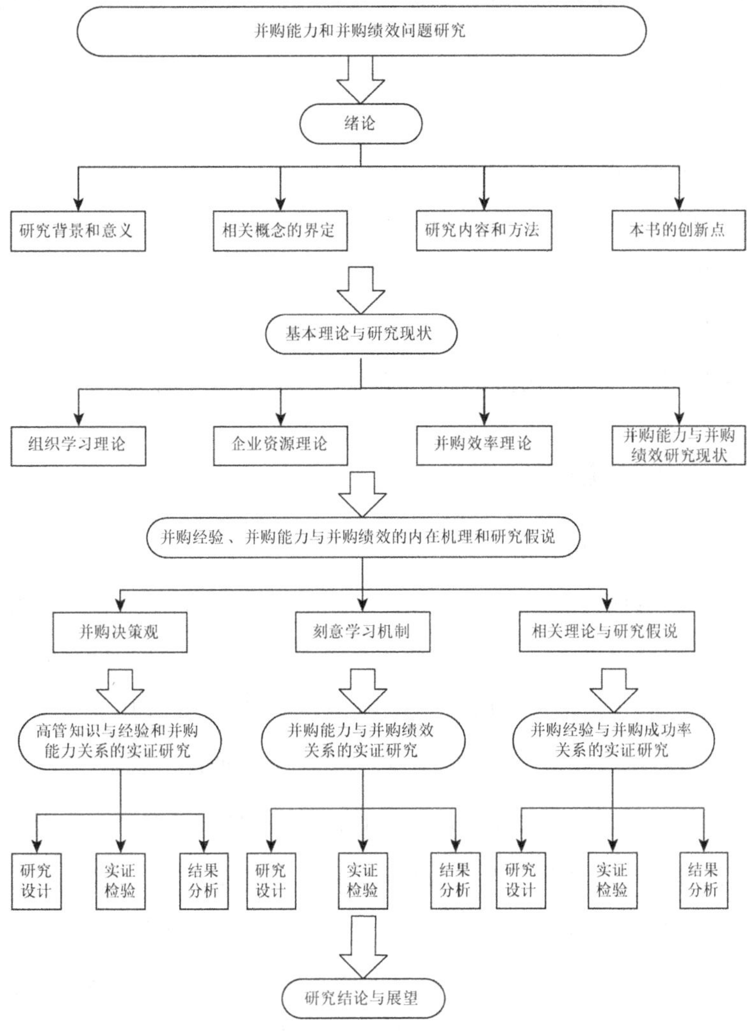

图1-2 本书的研究思路

1.3.2 研究方法

1.3.2.1 规范研究方法

使用的规范研究方法主要包括归纳与演绎两个方面。一方面通过归纳分析，对并购经验、并购绩效等文献进行系统梳理，结合企业资源理论、组织学习理论对研究内容进行理论上的界定、分析框架的搭建以及对相关因素进行定性分析。另一方面通过理论推导与演绎，为后续的实证研究分析构建理论模型。

1.3.2.2 实证研究方法

在数据采集、提出假设和构建模型的基础上，运用 SAS9.1、STATA11、SPSS17.0 等软件，通过统计检验对数据进行分析。

(1)采用事件研究法探讨并购能力测量。

(2)采用会计研究法对并购绩效进行研究。

(3)采用 Cox 风险比例模型，对并购成功率进行量化研究。

1.4 本书的创新点

本书的主要创新点如下：

(1)研究并购能力视角的独特性。从以往对并购能力问题研究的视角来看，主要是从两个角度入手：第一种视角是企业资源理论，认为能力是企业的一种重要资源，是有价值的、稀缺的、不易模仿和不可替代的，基于此认为并购能力是企业获得持续并购成功的重要影响因素。第二种视角是组织学习理论，认为能力是可能通过经验学习不断改进和提高的，但是大多数组织学习主要集中在公司层面对并购经验和学习进行研究，而组织学习包含三个层面——个人、团队和公司，因此，公司层面的研究仅仅包含了其中的一个层面，个人层面的学习是组织学习中的关键层面，公司学习即使是通过知识编撰最终也是依赖于公司中的个人经验和学习。因此，从高管(团队)层面的并购经验去解释并购绩效，有助于更好理解学习对于公司并购能力形成的重要作用。

(2)提出刻意学习机制对并购能力构建的作用。从国内外对并购能力问题的研究来看，对并购能力所进行的探索主要围绕两种思路展开：第一种思路是国内直接讨论并购能力，包括并购能力的构成要素和并购能力形成的理论基础；第二种思路是国外间接研究并购能力，从组织并购经验视角去考察并购能力，并购经验直接作为并购能力的替代变量。这两种思路各有优缺点，前一种思路的优点主要在于直观明了，但由于能力和并购本身均是很复杂的问题，并购能力构成要素之间存在严重的干扰性和共线性问题，不能较好地划分能力与资源之间的界限，无法提炼出纯度较高的影响因素，因而直接量化并购能力难度很大。后一种思路的优点固然为实证研究提供了便利，但是在我国企业并购能力不足的前提下，直接用并购经验替代并购能力，是一个亟待检验的问题。因此，提出三层次（高管个人、高管团队和企业）四阶段（经验清晰化、经验编撰、经验共享和经验内化）刻意学习机制。该机制是我国企业提升并购能力的长效机制。

(3)实证检验并购经验对并购能力的影响。基于我国目前并购中连续并购这一现象，运用回归分析方法和稳健性检验直接检验个人、团队知识、经验对并购能力的影响。检验结果发现，高管个人知识与经验对并购能力有显著影响。结果证明了我国个人并购经验转化并购能力的存在性，为在以后的研究中可以直接使用并购经验替代并购能力提供了支持证据。此外，还运用 Cox 风险比例模型，检验并购经验对并购成败的影响，即对并购能力发展的效率进行了检验。检验结果发现没有并购经验的企业并购成功率显著低于有并购经验的企业。

总之，通过整合组织学习理论、企业资源理论和并购效率理论等领域的研究成果，从管理者学习视角入手，对并购经验、并购能力与并购绩效问题进行理论和实证研究，理论上拓展并购能力发展的学习机制，实证上证实并购经验对并购能力的替代作用，为有效解释并购绩效以及并购成功率问题提供了支持证据。

第2章 基本理论与研究现状

2.1 基本理论

2.1.1 组织学习理论

2.1.1.1 适应环境的学习观点

适应环境的组织学习认为由于组织环境变化的外生性原因刺激组织去学习。March & Olsen(1975)是从管理者认知的局限来看认知如何影响学习，即管理者在过去经历中，从对环境不确定性的认知中形成个人信念，这个信念会影响管理者日后的个人行动，在组织开展各项行动后，会与环境形成互动，产生回应，这个过程将进一步影响管理者基于原来对事物因果关系的判断或理解，原先的认知和后来的知觉就形成一个学习循环，高管在有限理性下，知觉到外部环境的不确定和风险性，从而促使管理者改变决策(March & Simon，1958；Cyert & Weick，1963；Daft & Weick，1984；Levitt & March，1988；Meryers，1990；Stabler & Ewaldt，1998；陈国权，马萌，2000；应瑛，吴晓波，李俊，2001)。

Lyles(1992)认为，组织可以从过去经验中学习(经验学习)，也可以从其他机构或者组织的经验或行为进行学习(模仿学习)，还可以由活动、创新、试验进行学习(创造学习)。这三种学习实质上就是 March(1991)提出的探索性学习和开拓性学习。一方面，知识的积累使得企业能够运用先前总结的方法来解决当前的类似问题，这就是知识的利用。另一方面，企业也会利用这些积累的知识一反常态地解决问题。在企业与环境之间保持一种生存平衡时，企业倾向于进行小幅度的变化和调整，这是开拓性学习。而在企业与环境之间的平衡难以预料的情况下，企业为了长期生存就必须进行探索性学习。

因此，组织学习过程就涵盖首先是对直觉的感知，然后对其进行解释说明，接下来是归纳整合，最后将归纳的结果制度化（Crasson 等，1995），整个组织学习可以分解为四个子过程：直觉感知到解释说明，解释说明到归纳整合，归纳整合到制度化，每个子过程体现为时间上的继起性，空间上的并存性，因此，很难清晰界定组织学习每一个子过程的起点和终点，但是组织学习一般都是从个人探索开始，个人一旦探索成功，那么就会在组织中传播、应用和推广。

2.1.1.2 纠错的学习观点

纠错的组织学习认为组织学习是识别错误、纠正错误的过程。这种学习源于采取行动之后，其行动后的结果与行动之前的期望之间有差距，组织对这个过程中产生的错误进行侦察和纠正的集体探究过程即为组织学习（Argyris & Schon，1978）。因此，组织学习可以看成是一个带有控制反馈机制的不断改正错误的过程，最大的特点是以一个共享的知识基础为中心（Kolb，1961；Stata，1989；Haeckel & Nolan，1993；Slater & Narver，1995；张刚，许庆瑞，1995）。

Argyris（1978）根据组织学习是否对现有价值观和范式进行改变，分为单循环学习和双循环学习。单循环学习是侦察组织行动结果，修改对组织策略、假设的认知，使组织的变化能够符合原来组织的既定规范。单循环学习主要是解决目前存在的问题。双循环学习是根据环境的变化，组织学习针对组织规范进行错误的侦测和矫正。双循环学习主要是一种持续的试验和回馈。Argyris & Schon（1982）又提出再学习的概念，即当组织进行组织学习时，组织成员将探究过去组织学习的过程，找出有助于组织学习和对组织学习有阻碍的因素，再提出有效的新策略来帮助组织学习，最后经过评估、一般化此结果再植回个人意象与图形，以便在以后的学习中运用。

2.1.1.3 知识创造的学习观点

知识创造的组织学习认为组织学习是一种知识创造的过程。Nonaka & Takeuchi（1995）关注的是产品创新，认为组织学习不仅仅是解决问题，更是创造问题和界定问题，发展和运用新知识来解决这些问题，从而在解决问题的过程中进一步发展新的知识。因此，知识创造的学习观点体现了两点：一个是着眼于如何分享、使用和储存现有的知识；另一个是着眼于如何创造新知识（Garvin，1993；Dodgeson，1993；刘璇华，夏洪胜，惠青山，2002）。

Nonaka & Takeuchi（1995）认为，组织内部知识创造的过程分为五个阶段：分享隐性知识、创造概念、验证概念、建造原型和知识转移。具体来说，组织知识创新始于分享知识，首先将个人所掌握的丰富隐性知识在组织中放大，在第二个阶段将组织团队共享的隐性知识以一个新概念的形式转化为显性知识，这个新概念在第三个阶段需要接受检验，以决定这个概念是否值得实施。如果值得，这个新概念在第四个阶段被转化成为一个新的产品或者一个可以操作的创新，最后一个阶段，一个部门创造的新知识在部门内扩散，扩散到其他部门，甚至扩散到外部要素中去，这种扩散称为知识的层次交叉。

总之，尽管 Cangelosi & Dill（1965）首次提出组织学习的概念已经有 30 年，但是对于组织学习的定义，组织学习本身的基本特征等问题，不同学者基于不同的视角界定不同，因此在学术界对什么是组织学习以及相关问题还没有达成共识。例如，Huber（1991）采用的是组织学习中的信息处理视角，而 Nonaka & Takeuchi（1995）关注的是产品创新，March & Olsen（1975）是从管理者认知的局限来看认知如何影响学习。这些工作涉及很多方面，但是每个领域又都不相同：信息处理、产品创新或者有限理性。尽管研究者的领域存在交叉，但是这些领域的困难是没有假设组织学习框架中的协同。从上述分析中，组织学习可以从四个方面去理解：第一，组织学习环境。组织学习首先能对组织内部和外部环境变化的刺激进行及时的反应与学习，与内部和外部环境产生快速的互动。第二，组织学习与问题。组织学习不仅是对内外环境变化的敏锐感知，而且在这个感知过程中能够及时纠错，组织学习在不断的试错过程中，发现和分析问题产生的原因，最后去解决所产生的问题；第三，组织学习过程与知识创造、积累和传递密不可分；第四，组织学习包括个人、团队和组织三个不同层次的学习。组织学习过程都是从组织中个人曾经经历以及在过去经历中仔细的观察开始，然后有意识或者无意识地对观察进行反思和评估，抽象出理性认识，这种认识通过现实世界的实践检验，取得新的感性认识，形成一个循环往复的过程。个人的经验与知识就是在这样一个循环过程中得到不断完善和进步。因此，研究组织学习过程必须立足于个体学习理论。

2.1.2　企业资源基础理论

2.1.2.1　资源基础理论

资源基础理论认为，企业是以资源与能力为基础进行的竞争，企业有能力主动控制和改变环境。资源本身不能区分一个企业的竞争优势或能力，资源需要运用企业的能力进行整合才能产生特定的竞争优势。

根据企业资源理论，企业是一系列资源和能力构成的资源束。资源是能够成为一个企业优势和劣势来源的一切事物，包括金融资源、实物资源、技术人员的雇用、企业拥有或控制的知识、管理技能等有形资产和无形资产以及资源之间的交互作用（Wernerfelt，1984；Barney，1991；Grant，1991；Caves，1980；Amit & Schoemaker，1993；Pisano，1994；Teece，1986；Capron，1998）。当然，并非这些资源的所有方面都是企业创造持续竞争优势的战略相关资源，有些资源的特征或许会阻碍创造价值战略的制定和实施，有些则降低企业的效率和效力，有些在企业中则没有什么影响。因此，具备竞争优势的资源是有价值的、稀缺的、不易模仿的和不可替代的（Barney，1986），而战略性资产则是具有互补性（complementarily）、稀有性（scarcity）、难以交易性（low tradability）、无法模仿性（inimitability）、有限替代性（limited substitutability）、专属性（appropriability）、耐久性（durability）与战略性产业的重叠因素（overlap with strategic industry factors）等特性的资源和能力。同时，源于组织技巧和企业学习，由企业内部积累和发展起来的不可交易的资产也是企业的一项重要的资源。这种不可交易资产具有时间压缩不经济、资产规模效率、资产间互相联系、资产磨损、极强的隐匿性、因果模糊性和社会复杂性（Dierickx & Coo，1986）。

2.1.2.2　企业核心能力理论

企业核心能力理论认为核心能力是企业内部一系列互补性技能与知识的

结合。核心能力是“沟通、参与和致力于跨越组织边界的工作，它涉及许多层次上的工作人员和所有的职能”，它内在要求广大员工对跨界组织界限协同工作的深度承诺。组织内嵌的构成核心能力知识和各种技能，必定是汇集在思维敏捷、开拓创新的人身上。核心能力并不会随着使用的增多而减少或消失，反而呈现递增趋势。“有形资产会随着时间的流逝而减损，但核心能力却会随着应用和共享的增多而增强。当然，核心能力也需要培养和保护，因为知识不用就会消亡。”核心能力既是把现有业务维系在一起的黏合剂，也是新业务开发的动力。

短期竞争优势与维持是建立在产品成本和产品品质的控制基础之上，那么，要获得长期的竞争优势，必须建立起自己的核心能力体系，使其在竞争者对手中处于领跑者的地位(Prahalad & Hamel，1990)。因此，企业高管层要想获得竞争优势，其根本途径首先是建立起企业的战略框架，然后通过组织学习，将个人能力通过转化、吸收，内化为企业能力，这样方能获得持续的竞争优势。

在以上基础上产生了动态能力的概念，动态能力是构建、整合和配置各种资源和能力的一种能力(Teece，Pisano & Shuen，1997)，动态能力研究了企业组织能力的演进以及与竞争优势之间的关系。以组织惯例、技能和专用性资产为基础的组织能力，大量的隐性知识被嵌入其中，市场无法复制这些知识，使得企业只能根据当前位置上的演进路径来构建竞争优势，这种竞争优势需要通过较长时间的组织学习和知识的积累来形成。因此，动态能力问题包括组织程序、所处位置、演进路径以及相关各种能力。

2.1.2.3 企业知识理论

隐藏在能力背后的又是什么？Demsetz(1998)，Grant(1996)和 Nonaka(1991)等为代表的一批学者研究表明，隐藏在能力背后并决定企业能力的是企业掌握的知识。他们认为不仅企业内在知识(尤其是一些隐性知识)难以被竞争对手模仿，而且当前的知识存量所形成的知识结构决定了企业发现未来机会，确定配置资源的方法。企业内部各种资源效能发挥程度的差别都是由企业现有的知识所决定的。与企业知识密切相关的认知能力决定了企业的知识积累，由于企业的知识结构和认知能力不尽一致，所以它们所能发现的市场机会也不相同，从而决定了企业竞争优势的差异。

Grant(1996)强调个人在知识创造和知识存储中的作用，认为企业的功能是将分散的个人知识整合为企业知识，然后将企业知识转化为产品或劳务，如何建立起整合知识，特别是隐性知识的协调机制是企业能力获得的关键。

企业的存在是由于市场的失灵，市场无法协调好生产过程中拥有不同专业人员之间的知识整合和运用。由于获取知识比使用知识更强调专业化，嵌入专业人员的隐性知识存在黏性或者不可转移性，专业人员的流动性使得其拥有的专业知识存在可能被潜在买者使用的风险，因此，市场协调这个问题时出现失灵，而企业正好能够通过组织这个机构，为单个的专业人员提供聚集在一起的场所，将其拥有的专业知识整合起来，为企业生产产品和提供服务。

Demsetz(1998)进一步地强调知识的积累对企业能力发展的重要意义。他指出，经济组织，包括企业在内，必须反映出一个事实，即获得、维持和使用知识需要付出成本；而分工可以使这些方面的成本都得到节约。尽管这样很难成为真正的大型联合企业，但我们通常还是把各种行业以及其中的企业，看作是各种专业知识的大仓库，以及使这些知识和生产相结合所必需的那些生产条件的大仓库。企业和行业必须形成一定结构的经济组织，才会去考虑人们为了以更专业的而不是习惯的方式获得这些知识，给那些并不掌握更多知识的人做指导。随着研究的逐渐深入，人们对企业内部资源中知识特别是隐性知识的重要性的认识越来越清晰。因此，资源是前提条件，能力作用于资源。

2.1.3 并购效率理论

20 世纪 60 年代到 80 年代，欧美实务界出现高度的多元化战略，不相关多元化战略并购成为企业快速扩张的首选，20 世纪 90 年代末，实务界又开始实施集中于核心竞争力的相关多元化战略并购，并购效率理论正是在这种背景下出现，成为指导并购活动的基本理论之一。并购效率理论认为企业通过相关多元化并购或不相关多元化并购活动，实际增加了企业的价值，产生“1＋1＞2”的效应。这种效应来自并购后的企业处于最优状态的规模经济。规模经济产生的两个主要原因：一是人力资本、管理费用和固定资产诸如机器设备的不可分性，在一些资本密集型的企业里，只有当公司规模达到一定的程度，公司才有能力获得巨大资本的机器设备，并从其中获得规模经济效应。二是人力资本和设备的专业化，并购后，由于相关活动的协调成本开始降低，重复性活动减少，节约了人力、物力和财力的损耗。因此，并购效率理论可以为并购后的企业带来管理协同、营运协同和财务协同，为什么类型的企业以及符合什么特征的企业从事相关多元化战略并购和非相关多元化战略并购提供很好的解释。对于并购成功的理论，Rozen-Bakher(2018)按照并购阶段将并购成功分解为整合阶段的整合成功，并购整合后的协同成功以及利润成功。认为成功的并购是指协同和利润都获得成功，通过并购只获得其一是不完全的成功，两者都没有达到，则为并购失败。

2.1.3.1　并购协同的分类

第一，管理协同效应。并购的管理协同效应认为由于并购双方的管理效率存在差异从而产生并购活动，如果并购企业的管理效率高，被并购企业的管理效率低，当并购企业收购被并购企业后，被并购企业的管理效率会被提高到和并购企业一样的高度，这就产生了管理的协同效应。反过来，并购企业的管理效率低，被并购企业的管理效率高，则并购不可能成功。因此，并购管理协同效应发挥作用的前提是并购企业的人力资本管理是有高的管理效率，且具有不可分性，必须在集体中发挥作用，那么通过并购交易使其剩余的管理资源得以释放和充分利用是有可能的。这个特点决定并购企业在选择被并购企业的时候可以是同行业，甚至可以跨行业实施并购活动，部分解释了相关多元化战略并购和不相关多元化战略并购产生的原因。

第二，经营协同效应。并购的经营协同效应是指并购后给企业的生产经营所带来的好处。并购的经营协同效应最明显是给企业带来了规模经济，规模经济主要体现在生产规模经济和企业规模经济两个方面。通过并购，多家公司合并为一家公司能够使公司降低单位生产成本。企业并购可以扩大经营规模，从而降低平均成本，提高利润。并购的经营协同效应发挥作用的前提是该行业存在达到规模经济的潜力。该理论在某种程度上解释了企业并购的动因，可以解释企业相关多元化战略并购和不相关多元化战略并购的问题。但是在理论界学者研究认为规模在并购中的效应并不如想象中的大，很难从中看出并购的规模经济效益，有的学者发现获利能力与企业规模大小不相关。Rabier(2017)研究并购动机对并购绩效分布的影响，认为并购经营协同可能比财务协同更能为企业提供潜在资源和能力的组合，但是经营协同比较难以评估和实施，并将1222 起并购交易按照管理者并购交易动机分为经营协同和财务协同类，实证研究发现与追求财务协同的并购企业相比，追求经营协同的并购企业有较高的长期回报。

第三，财务协同效应。并购的财务协同效应是指公司并购后，由于税收、会计处理、证券交易等方面所带来的好处。并购的财务协同效应发挥作用的前提是并购企业和被并购企业在投资机会与内部现金流量存在互补性。并购的财务协同效应认为有大量内部现金流和少量投资机会的企业可能拥有超额现金流，而有少量内部资金和大量投资机会的企业则需要进行额外的融资，因此，具备这样条件的并购企业和目标企业并购成功后就会得到较低的内部资金成本优势。并购的财务协同理论认为，并购主要出于财务目的，是那些具有内部现金但又没有好的投资机会的企业，通过并购和它条件相反的企业，使资本在并购企业和被并购企业之间实现资源的再配置，达到并购的财务协同效应。

Garzella & Fiorentino(2014)基于价值创造理论和协同研究，认为预期的协同的价值与潜在并购协同的财务流量、分配以及折现率相关。根据整合协同类型、协同规模、协同时间和获得可能性四个因素构建协同测量模型，作为支持并购前交易决策的依据。

2.1.3.2　协同效应的来源及影响因素

所谓并购协同效应是指并购后增长的绩效超过并购前作为独立企业的预期或者要求(Sirower，1997)。并购能够实现企业价值最大化(Salter & Weinhold，1979)，传统观点认为这种协同效应源自并购企业和目标企业的资源的相似性。由于并购企业通过规模经济改进了经营效率，获取转移的技能(Ansoff，

1965)。协同效应来自协同资源,Chatterjee(1986)认为并购价值创造涉及能力,减少整合企业的成本等统称为资源,并将资源进行分类,与资本成本有关的来自财务协同,与产品成本相关的来自经营协同,与价值相关的来自共谋协同。盛敏、刘佳和迟飞(2012)认为并购财务协同效应包括并购整合后资本成本降低,偿债能力增强,以及并购中投资活动产生的资本收益率相对提高。并发现上市企业并购的短期财务协同存在放大效应,而长期财务协同呈现紧缩效应。

还有观点认为协同效应来自并购双方企业资源的差异性。Wang & Xie(2009)提出并购产生协同效应,源自公司治理传递的外溢效应和拔靴效应,并购后实现并购双方公司治理水平的提高,企业价值上升,获得了正的协同效应。外溢效益是收购企业的治理水平高于目标企业,而拔靴效应则相反。研究发现并购企业股东权利高于目标企业,并购能够产生更高的协同效应。

另外,还可能存在其他影响并购协同效应的因素。唐建新和陈冬(2010)研究发现目标企业所在地区投资保护程度越高,并购产生的协同效应越大。吕长江和韩慧博(2014)基于协同效应理论,认为通过共谋协同效益、管理协同效应、经营协同效应以及财务协同效应激发出的并购综合收益是资源配置效率提升的结果。在研究中探索业绩补偿承诺对协同效应的影响时,发现业绩补偿承诺显著提高并购协同效应的水平。

2.1.3.3 并购协同价值创造的经验证据

Singh & Montgomery(1987)认为在相关的产品、市场或者技术领域并购比在不相关的产品、市场或者技术领域并购能够创造更大的价值。

Seth(1990)认为并购价值创造的过程在企业现存的环境约束和机会下,为实现价值创造,采取战略行动,最优使用两个并购企业的特有资源。这些资源包括产品、技术、财务、市场和人力资源等,而并购创造的来源主要是市场力、销售规模、规模经济、共同保险、财务多元化等。研究结果证实相关并购和不相关并购都能带来价值创造。

Alexandridis 等(2017)运用 1990—2015 年美国 26078 起并购样本,发现 2009 年后并购交易为主并企业股东创造了更多的价值。相应的整体的协同收益有三倍的增长。协同收益的测量运用主并企业和目标企业的累积异常收益的市场价值加权平均值。

Fiorentino & Garzella(2015)提出要注意三种协同陷阱:高估、低估以及忽略。并购提出有效的管理协同的方法,通过分析并购过程、不同协同的价值、比较差的协同管理的阻碍效应、协同膨胀的原因以及解决协同陷阱的方法等问题,有效进行协同陷阱的管理。

2.2　国内外关于并购能力研究现状

2.2.1　国外关于并购能力研究现状

2.2.1.1　并购能力概念演化

(1)基于并购阶段的并购管理能力。学者将并购过程划分为两段论(并购整合前和并购整合后),三段论(目标企业识别阶段、谈判阶段和并购整合阶段),也有四段论(并购准备阶段、并购尽职调查阶段、并购谈判阶段和并购整合阶段),分段进行能力研究。由于并购不同阶段所包含的并购活动内容不一样,所需要的并购能力也会存在差异。Haspeslagh & Jemsion(1991)认为能力与并购中不同阶段的任务有关。一些学者特别强调并购整合阶段的整合能力(Zollo & Singh,2004),并将其作为单独的研究对象。也有一些学者则研究并购整合前的能力(Muehlfeld & Sahib,2012)。还有一些学者则对并购能力进行重分类、重界定,如 Capron & Anand(2007)提出并购过程中的三种能力,分别是并购识别能力、并购选择能力和并购重新配置资源能力。即有识别目标企业的能力、选择并购方式作为获取资源最佳时机的能力,以及利用目标企业资源重塑,配置到现有企业中创造出全新资源的能力。

(2)基于并购项目的并购管理能力。最早提到并购项目的学者是 Kitching(1967),他在研究连续并购的成功标准时提到并购。随着越来越多的企业进行连续并购,学者们开始从并购项目视角研究并购能力。所谓并购项目是在一个企业推动下实施的系列并购,以获得特定的经营目的或者是市场地位。Laamanen & Keil(2008)指出并购能力的发展需要置身于并购项目之中。Keil等(2012)提出了并购项目能力是在选定的细分市场或者地理范围之内预期、创造和执行并购项目的一种能力。根据主并企业动机,将并购项目分为行业巩固、产品/市场拓展、行业集中以及R & D动机并购,提出不同并购项目需要的不同的并购能力,进一步提出并购项目所需要的一般并购能力,依次为控制并购项目节奏的能力、优化并购项目范围的能力、优化适应性战略的能力以及多起并购整合能力。

2.2.1.2 并购能力概念的度量

一些学者试图对并购能力进行度量,如Trichterborn等(2016)运用Kale & Singh(2007)提出的"联盟能力"概念修正之后,结合并购能力构建出包含清晰化、编纂、分享和内部化知识四个潜变量在内的量表进行测量。但是大部分学者对并购能力的度量主要还是概念化描述,基于组织学习理论、动态能力理论以及两个理论的结合,Weber等(2018)界定并购项目能力是一种高阶能力,由项目识别、尽职调查、谈判和并购整合能力等组成的零阶并购能力,并提出并购能力的理论框架。Nummela & Hassett(2015)认为并购能力是一种动态能力,并对并购能力进行解构。基于Teece(2007)动态能力观,提出并购能力是嵌入在微观过程中的并购机会识别、机会捕获以及带来资源重新配置的能力。而完成微观过程需要在组织内部提供关于并购能力所需要的一系列技巧、程序、过程、结构、常规和规则等基础,这些基础被称为微观基础。由微观过程和微观基础就组成了高阶的并购能力。基于这个构架,Nummela & Hassett(2015)进一步演化和丰富上述并购能力模型,并将并购能力称为元能力,微观过程需要的能力称为二阶能力。

2.2.2 国内关于并购能力研究现状

2.2.2.1 并购能力概念演化

早期并购能力问题研究集中在并购能力的构成要素上，张秋生(2005)认为，企业并购能力的构成要素包括资源和能力(skills)两个方面，资源是前提条件，能力作用于资源，从而形成企业并购能力。其中，资源包括有形资源和无形资源，而能力指企业运用上述资源实现并购活动目标的技能。陈珂(2006)认为，企业并购的外部环境、并购可支配的资源以及并购的管理能力是影响并购能力高低的三个关键因素。李航(2007)认为，并购能力构成要素中的能力并不是企业能力理论中提到的能力概念，而是特指并购管理能力即管理资源和管理知识的能力。前者指的是并购方对于企业拥有的人力资源、实物资源和财务资源的管理能力，后者是收购方根据所掌握的并购活动内在规律的知识，通过一系列管理手段达到有效使用企业资源进行并购的能力。

魏娜(2011)认为并购运作能力是可以视觉化的、存在刚性的一种低级能力，而并购管理能力是企业获得竞争优势的高阶能力。管理者通过管理并购中所积累的知识，建立学习机制，改进原有的并购惯例，甚至可能重构并购程序，以应对外部环境的快速变化，从而获取企业的竞争优势，尽管并购管理能力不能像并购运作能力那样可视化，但是通过其他一些现象还是可以观测到的。

田飞(2011)则将并购管理能力作为并购能力的一个要素单独提出来进行研究，对企业资源理论进行进一步深化和延伸，基于企业动态能力理论提出，并购管理能力是“企业知识的结合体”，突出强调在动态环境下建立组织学习机制的重要性。并购管理能力是企业为获取、传播、共享及利用相关并购知识而建立的组织学习机制。张金鑫(2011)认为，目前主流文献过多专注于并购学习能力，或者并购能力的管理，而较少关注反映收购人执行并购的能力水平，如收购人筛选目标、价值评估、交易结构设计、并购融资、并购后整合等实施能力的水平，使得在评估收购人自身是否有能力采用并购的方式去扩张时可能产生评估对象的错位。因此，需要综合考虑并购实施能力和并购管理能力。并购能力模块包括结构、流程、学习、制度和团队。

葛伟杰，张秋生和张自巧(2015)认为不仅有并购经历的企业存在并购能力，对于没有并购经历的企业，只要有并购动机，储备到必要的并购资源，同样也有潜在的并购能力。

陶瑞(2014)基于企业能力论中关于"企业内部资源和能力的积累带来组织管理资源释放，对企业竞争优势获取及未来发展和扩展具有决定性作用"的观点，提出并购能力与外界环境、与企业内部战略以及积累资源有关，通过寻找目标载体、有效转移自身剩余资源，从而借助相应的管理机制实现并购双方资源整合，达到有机协同的一组例程或惯例。

2.2.2.2 并购能力的度量

陶瑞(2014)根据企业能力论构建包括支付能力、信息能力、组织能力和整合管理能力 4 个一级指标、17 个二级指标和 38 个三级指标组成的并购能力指标体系，采用模糊积分法，首先利用专家打分给出各指标语意值，利用公司计算各指标模糊值和明确值，采用 AHP 法计算各指标权重，再用公式计算各指标模糊测度，计算模糊积分评价值，最后对企业并购能力进行评价。葛伟杰、张秋生和张自巧(2015)根据企业资源理论，采用数据包络分析方法，通过输入资源和输入并购绩效，认为资源到并购绩效转换效率即为企业的并购能力，从而间接测量出并购能力的大小。方洁、潘海英和刘布勇(2017)从企业内部资源视角构建包括资源能力和整合能力 2 个一级指标，9 个二级指标，13 个三级指标组成的并购能力指标体系，运用因子分析方法获得并购能力因子综合得分，然后对因子综合得分进行处理得到并购能力指数。

通过对国内外并购能力相关文献的梳理发现，国外对并购能力研究并不是很多，但是研究并购能力的出现、现状和发展的脉络是有依据可循的，现有的并购能力研究会从并购过程和并购项目两个视角来展开，学者也会用到组织学习理论与动态能力理论来描述并购能力的形成和发展。关于并购能力的定性研究主要围绕构建并购能力的理论框架，有一些学者尝试打开并购能力的黑箱，对并购能力进行分拆描述。关于并购能力的定量研究，尤其是直接量化并购能力的文章不多见。相反，国内学者对并购能力的量化研究在增加，尤其是近年来一些学者构建出并购能力指标体系，对并购能力进行直接度量。也有一些学者对并购能力进行间接度量。学者对并购能力演变研究的脉络不完全一致。国外学者关于并购能力研究中还会涉及并购能力发展的问题，而在国内并购能力研究中则很少涉及这些话题。由于有这些国内外学者对并购能力各种角度的研究贡献，使后来者能够从不同维度观察到并购能力存在。在对国外并购能力问题进行梳理过程中，发现并购经验终究是绕不过去的话题，甚至两者的学习机制也存在高度一致的地方，因此，接下来本书还将对国内外并购经验研究进行梳理。

2.3　国内外关于并购经验研究现状

2.3.1　国外关于并购经验研究现状

2.3.1.1　并购经验的分类

并购经验对并购绩效产生正的影响，即为并购经验正效应，后来学者研究发现有些并购经验可能会对并购绩效产生负效应，因此，学者们将并购经验进行分类研究。①按照并购经验自身特征，有同质性经验和异质性经验（Haleblian & Finkelstein，1999；Barkema & Schijven，2008；Aktas 等，2013），有相关经验和不相关经验（Hayward，2002），有成功经验和失败经验（Madsenand Desai，2010； Muehlfeld 等，2012）。具体来说，Haleblian & Finkelstein（1999）从并购的行业视角中发现，日后发生在相同行业的并购，并购经验对并购绩效起到正面作用。而 Barkema & Schijven（2008）则认为太多的异质性并购经验会妨碍企业早期并购能力构建阶段的学习，相反更多同质性并购经验会促进学习，改善绩效。这些学者一致认为对于以后进行的相似并购，早期这些并购经验更有价值。Aktas 等（2013）为度量后续并购经验的异质性，运用异质性指数进行测量，假设指数是交易特征组合的变量，定义了四个交易特征，分别是交易多元化程度、目标企业状态、是否为国内并购以及相对交易规模，且各个交易特征的权重相同。他发现后续并购异质性减缓并购交易的速度，意味着异质性并购加大学习难度降低了并购速度。Hayward(2002)从并购业务视角，比较现在并购业务与之前并购业务是否相似，将并购经验分为相似经验和不相似经验。在高度相似业务中并购，有助于专业学习，提升专业度。在不相似的业务中并购，虽然有助于企业知识和经验的积累，但是阻碍专业化学习。通过对并购经验相似度分辨有助于企业决策，是选择相似业务进行并购，还是放弃对不相似业务的并购。Madsenand & Desai(2010)曾经比较过从失败中学习和从成功中学习。而 Muehlfeld 等(2012)则根据并购经验的构造，按照行业背景、国内/海外并购、收购态度三个标准分为六种具体情况，研究行业背景和结构相似性情况下，企业是否能够从并购成功和失败的经验中去学习，是否对并购公告交易的完成产生影响。研究结果显示，从成功的经验中去学习会提高企业绩效。由于影响程度不一，成功经验如何产生正面影响，还需要置于不同情境下具体分析。②按照经验的来源，有企业、团队和个人并购经验。关于企业并购经验有很多学者研究(Haleblian & Finkelstein，1999；Haleblian 等，2006；Peng & Fang，2010)，但是企业并购经验会对后续并购行为、并购绩效产生影响的结论不一致。关于团队并购经验，Nandolska & Baekema(2014)比较同质性和异质性高管团队，发现异质性团队从并购经验获得的收益更多一些，由于避免错误的经验转移，并购更成功一些。Field & Mkrtchyan(2017)认为董事会并购经验对后续并购绩效产生正的影响。关于个人经验有 CEO 在任期的并购经验(Haleblian & Finkelstein，1999)，甚至 Custodio & Metzger(2013)认为有目标企业并购经验的 CEO 是行业专家，具有超强的谈判能力。Field & Mkrtchyan(2017)还研究董事个人的并购经验。

2.3.1.2 并购经验的学习机制

并购经验学习效应不会随着经验积累在企业中自发产生。因此学者提出了两种并购经验的学习机制。一种是“干中学”(Learning－by－doing)，即企业通过经验积累，在做同样的事情中学会如何管理并购过程。学者认为干中学中的经验积累是一种半自动学习机制，当企业为异质性并购、并购不经常发生、存在并购因果模糊时，这种半自动学习机制不能有效发挥知识转移的作用，因此需要另一种学习机制，即刻意学习机制（Deliberate Learing）。March 等（1991）认为通过刻意学习机制可以提高所需要的知识。Zollo & Winter（2002）提出刻意学习机制包括对经验的清晰化、编纂、分享和内部化四个步骤。刻意学习机制需要企业通过专门投资到管理技能、时间和注意力到学习过程。知识清晰化改进了对行为与绩效之间理解，有助于解决并购中的因果模糊问题。知识编纂有助于企业将隐形的知识转化为有形的知识，减少由于人事变动带来的知识损失的风险。知识分享中通过正式或非正式方式将知识在企业中进行扩散，帮助管理者对并购经验的再认识。知识内部化强调对并购知识的吸收。因此，Trichterborn 等（2016）在企业中需要专门建立一个并购功能（M & A Function）去实现刻意学习机制。所谓并购功能是指在企业中建立一个对之前并购经验的获取、并购经验整合和并购知识传播的独立、专业的部门。在并购准备阶段主要负责信息收集与整理，用于战略决策。在交易阶段主要负责机制执行，包括尽职调查等。在并购整合阶段主要负责各项新的被并单位的顺利整合。

2.3.2　国内关于并购经验研究现状

2.3.2.1　并购经验的分类

（1）企业并购经验。如胡彦宇和吴之雄（2011）强调成功的企业并购经验对企业再次并购有正面影响。贾镜渝，李文和郭斌（2015）从企业层面将并购经验分为国内并购经验和其他企业并购经验进行研究。张娟，李培馨和陈晔婷（2017）将并购经验分为同行业并购经验和同地区并购经验，分别代表目标和目标之间相似性。黄嫚丽、张慧如和刘朔（2017）将并购经验划分为母国并购经验和跨国并购经验。

（2）团队并购经验。吴建祖和陈丽玲（2017）认为并实证研究过去并购经验能够提高高管团队并购技能和决策效率，采用三种方式度量高管团队并购经验：团队成员个人在本次并购事件之前参与并购的次数、高管团队并购经验以及高管团队并购经验的对数。

(3)个人并购经验。邱月盈(2014)提到CEO并购经验学习。刘建和刘春林(2016)提出关联股东并购经验,认为在并购事件网络中,关联股东的并购经验能促进并购企业绩效提高。并购经验为企业并购前当年的并购总次数。

2.3.2.2 并购经验的学习效应(国内)

研究并购经验的学者都承认并购经验的学习效应,认为经验学习都是一个从经历—推断—积累的迭代过程。郭冰,吕巍和周颖(2011)认为并购经验学习一方面有助于企业掌握并购知识,把握并购机遇;另一方面是企业适应环境的一种生存方式,企业既可以从失败的并购中获取经验,也可以从成功的并购中获取经验。管理者与董事对经验学习有利于提高企业学习能力和管理效率。吴建祖和陈丽玲(2017)运用学习迁移理论,认为学习迁移是团队学习的一种表现,团队成员通过对以前并购经验的学习,有效地理解新知识、新问题,提高并购效率。在实证研究中,王宛秋和刘璐琳(2015)认为并购经验学习并非经验次数越多,经验学习效果越好,市场对具有长期并购学习效果持有肯定的态度,还提出企业更容易从失败的并购经验中学习。邱月盈(2014)认为CEO并购经验学习行为能够抑制过度自信的并购动机。

通过对国内外并购经验文献的梳理,发现国外对并购经验的研究主要集中在并购经验的类型和并购经验的学习机制上。多运用组织学习理论和经验学习理论,解释并购经验如何从隐形知识转化为可以在企业内部传播的显性知识,并提高并购成功率。虽然并购经验的学习可以来自并购经验的积累所形成半自动学习机制,但是由于并购经验存在异质性、并购发生频率不高以及并购本身因果模糊,很多学者认为企业如果通过管理者积极主持下,采用刻意学习机制,则并购经验的学习效果更好。而国内对并购经验实证研究成果较多,学者基于组织理论下不同理论,总能找到各种各样的解释理论,如学习迁移理论、吸收学习理论、失败学习理论,提出了并购经验的不同类型,尤其是在跨国并购研究中,并购经验的研究成为必不可少的一部分,并且对并购经验还做了进一步的细分。在我国的并购经验的研究中还形成不同层次的分类,有一些学者研究过企业视角并购经验，还有一些学者从团队层面研究并购经验，另一些学者从个人视角研究并购经验，对并购经验的理解不仅仅是停留在企业这个抽象的外壳上，还深入到高管团队以及高管个人，甚至最近还有学者研究关联股东并购经验。在并购经验学习机制上，国外文献逻辑一致，尤其是刻意学习机制，无论情境如何变换，刻意学习机制基本框架都是基于 Zollo & Winter(2002)的文章。因此，国外文献并购经验研究始终围绕两种机制，没有进步的空间，而我国对并购经验学习效应的研究成果则更为丰富。总之国内外并购经验研究成果为后续研究提供了重要的参考意义。但是由于成果还比较分散，在后续研究中还需要进一步提炼。

2.4　国内外关于并购绩效研究现状

2.4.1　国外关于并购经验和并购绩效研究现状

2.4.1.1　并购经验对并购绩效的影响

Hutzschenreuter 等 (2014)运用路径分析方法分析之前的并购经验对后续并购绩效的影响，引入了“留心”的概念。留心是根植于人力意识的一种能力，在佛教中很知名，后来在很多科学领域被再次发现，尤其在心理学。Hutzschenreuter 等 (2014)运用这个概念解释了并购经验与并购绩效的波状关系，认为学习质量比经验质量更重要。之前成功的并购在未来导致留心知识转移，对后续并购产生负的影响。反之产生正的影响。即之前并购绩效影响并购知识转移到后续并购的留意程度。Trichtrborn 等(2016)认为并购学习过程构建并购能力，并购能力又会对企业并购绩效产生正的影响。Popli 等(2017)运用拓展了企业资源理论，研究企业集团各个成员企业的并购后长期绩效。企业集团各企业之间的网络成为企业资源拓展的基石。附属企业虽然是企业集团下的分支，但都是独立企业，有相对独立自治权以及信息优势。由于有这样的组织结构，附属企业可以充分享用企业集团层面构建的并购计划和并购知识的积累。企业集团中，集团并购经验对附属企业并购后长期绩效有正的影响。

Field & Mkrtchyan(2017)发现除了并购经验本身之外，并购经验质量增加并购企业价值。研究发现有并购经验董事会会选择回避高损失的并购，有经验的董事会支持选择会带来更高协同效应的目标企业，有经验的董事会支持目标企业的整合，会促进全要素生产和经营绩效的改进。这一发现为企业选择董事提供经验证据。Xiang & Qu(2018)发现有海外并购经验的企业其短期、长期绩效以及财务风险的评估都好于没有海外并购经验的企业。Parola 等(2014)发现并购经验对高管团队性别多元化的边界产生影响。并购经验促进企业层面整合能力的提高，有助于克服高管团队中性别多元化对并购整合绩效带来的负面影响。因此，并购经验成为高管团队中性别多元化与并购绩效之间的调节变量。Mohite(2016)检验并购经验的价值，通过关注目标企业之前的并购经验，研究发现当主并企业碰到一个有超强的并购经验的目标企业的时候，主并企业的交易宣告日异常回报会下降，即主并企业价值创造与目标企业的交易决策经验是反向关系。因为有并购经验的目标公司往往是大一些的目标企业，加剧了主并企业收购和整合的难度。Shams & Gunasekarage(2016)认为通过之前的并购经验，主并企业能够获得并购过程和整合阶段所需要的技能与知识，避免由于管理带来的负面影响。相对于公开收购来说，有更多的非公开收购经验的积累为再次进行非公开收购积累了经验。因此，有并购经验的企业支持非公开收购会有显著的并购绩效的改进。

Custodio & Metzger (2013)研究发现 CEO 的行业经验对并购绩效有正的影响。在目标企业所在行业曾经有高管经验的 CEO 比没有经验的 CEO 能够带来更大的价值。这样的 CEO 在并购前能够更好地识别出高盈余的目标企业。在并购后能够更好地整合资产或者运营并购企业。由于行业之间的文化存在差异，有行业经验的 CEO 更加谙熟企业文化，在议价过程中更有优势，因此在行业领域是专家的 CEO 有更好的议价能力。样本选择有连续并购经验的 CEO，认为这种并购方式有助于识别行业经验对并购绩效产生的影响。Chen 等 (2016)运用社会认同理论预测并检验出董事会女性代表与企业从事并购的数量呈负向关系。Ellis 等(2011)认为之前有并购大的、相关并购经验，这种经验转移进行规模小的企业并购，则会损害企业绩效。具体来说，之前有并购小企业经验对后续大企业并购产生负面影响。之前有并购大企业经验对后续小企业并购产生负面影响，在目标企业相似情况下，运用经验可以改进后续并购绩效。主并企业与目标企业在产品和地理范围不相似的情况下，则会恶化并购绩效。Hamori & Koyuncu (2015)运用知识转移理论，研究 CEO 之前的工作经验与后续任期的绩效之间的关系。过去曾经是 CEO 与企业绩效负相关。

2.4.1.2　影响并购绩效的其他因素

Walters 等 (2007)研究 CEO 任期与并购绩效呈现曲线关系，随着 CEO 任期延长，权力增加，产生损害效应；还研究董事会的警觉与 CEO 任期的关系，在没有警觉的董事会，在任期适中情况下，CEO 任期与并购绩效正相关，当任期进一步提高，对并购绩效产生负面影响。但是在有警觉的董事会情况下，即使 CEO 任期较长，股东利益还是得到提高。最近 Rabier (2017)认为并购动机对并购后绩效分布有影响，并按照并购动机分为经营协同和财务协同两类去比较。发现经营协同目标的并购有较高正的和负的长期回报。Popli 等(2017)发现企业集团内部企业的异质性强的连锁董事会应提高并购后绩效。

2.4.1.3　并购经验与并购绩效的经验证据

理论和实证研究(表 2-1)表明，并购经验和并购绩效的经验证明如下：

表 2-1　国外并购绩效与并购经验关系实证研究整理结果

作者 (年代)	样本	并购经验衡量指标	并购绩效衡量指标	实证结果
Kusewitt (1985)	1967—1976 年，美国 138 家公司	每年并购数量	并购者 ROA & 长期原始股票回报	负的关系
Fowler & Schmidt (1989)	1975—1979 年，42 家制造业公司	最近 4 年并购数量	短期异常股票回报	正的关系

续表

作者（年代）	样本	并购经验衡量指标	并购绩效衡量指标	实证结果
Kroll，Wright，Toombs，& Leavell (1997)	1982—1991 年 209 家制造业公司	二元变量：在 3～5 年之间的并购	短期异常股票回报	没有显著关系
Wright，Kroll，Lado，Van Ness (2002)	1993—1997 年 163 家公司	二元变量：在 3～5 年之间的并购	短期异常股票回报	没有显著关系
Pennings，Barkema & Douma (1994)	1966—1988 年 14 家荷兰公司 462 起扩张	以前扩张幸存的多年移动平均数	幸存概率	正的关系
Bruton，Oviatt & White (1994)	1979—1987 年 51 家财务困境和 46 家非财务困境的公司	最后 4 年的并购数量	并购绩效的感知测量	如果目标公司是财务困境，则有正的并购经验影响
Haleblian & Finkelstein (1999)	1980—1992 年 449 起并购	自 1948 年以来的并购数量	短期异常股票回报 & 并购者 ROA	并购经验和并购绩效之间是 U 型关系
Finkelstein & Haleblian (2002)	1979—1990 年 98 个并购者 192 起并购	首次并购对第二次并购效应	短期异常股票回报 & 并购者 ROA	二次并购比首次并购绩效低，尤其是来自不同行业的时候
Hayward (2002)	1990—1995 年 6 个行业 120 家公司 214 起并购	自 1985 年并购数量，之前并购经验行业相似性	短期异常股票回报 & 感知绩效测量	之前经验相似性与并购绩效是倒 U 型关系，并购经验不显著

续表

作者（年代）	样本	并购经验衡量指标	并购绩效衡量指标	实证结果
Schijven & Barkema (2007)	1966—2005 年来自多个行业的 24 家并购公司的并购	自 1966 年并购数量	幸存概率	如果公司首次集中同质性并购，然后移到更异质性并购，学习最优化
Haleblian, Kim, & Rajagopalan (2006)	1988—2001 年 579 家美国银行 2523 起并购	自 1988 年并购数量，并购绩效	并购偏好	并购经验和并购绩效对并购偏好是正效应，并购绩效增强了经验效应
Zollo & Singh (2004)	自成立起美国银行 228 起并购	自成立起并购数量；编撰工具数量	并购者 ROA 变化	并购经验影响不显著，经验编撰有正的影响，通过高水平的整合增强
Field & Mkrtchyan (2017)	1998－2014 年，美国 993 家企业 1766 起并购数据	董事个人 10 年内并购（累计数），董事会并购经验（百分数）	3 天窗口期的 CAR	正的关系
Hutzschenreuter 等(2014)	1980－2003 年，65 家美国制造业和采矿公司	并购数量	短期异常股票回报	波状的关系
Trichterborn 等 (2016)	2003 － 2006 年德国公司	并购总数	主观评价标准	正的关系

续表

作者（年代）	样本	并购经验衡量指标	并购绩效衡量指标	实证结果
Parola 等(2014)	2004—2009 年财富 310 起并购企业的交易	并购数量	事件法中的 CARs	并购经验对高管团队中性别多元化起到正的调节作用
Popli 等(2017)	2005—2013 年印度 568 起并购交易	5 年的并购数量	长期异常回报	正的关系

注:作者对国外关于并购经验与并购绩效实证文章的归纳。

(1)并购经验对并购绩效产生正面效应。Fowler & Schmidt(1989)拓展了之前的研究(Kusewitt,1985),样本为1975—1979年的42家制造业公司。检验了战略并购因素与并购公司长期绩效关系。这些因素包括相对规模、之前并购经验、组织年龄、行业共性、有争议/无争议的并购以及获得股票比例。并购绩效测量包括并购事件4年之前以及4年之后的会计绩效和市场绩效。文章分析了42个工业制造公司所从事的要约并购。结果发现,平均而言,之前有并购经验、有较高目标公司股份或者成立时间较长的公司并购绩效较好。

Bruton 等(1994)检查了跨行业的样本,财务困境和非财务困境并购。学者发现仅在财务困境的时候并购,并购经验对绩效的感知测量是正效应(通过之前4年的并购数量)。他们解释这个作为一个信号,需要更多的努力去扭亏为盈,很少有买者对有财务困境目标公司有兴趣。这些并购过程中的隐性的知识(通过经验测量)更可能去投标这些目标公司,减少成为赢者诅咒的概率。

Trichterborn 等 (2016)研究中选取2003—2006年,德国企业中至少有一次的并购经验的企业,向中小企业的CEO和CFO以及大企业的并购项目或企业发展部门的负责人进行问卷调查等方式选出751家企业进行研究。在理论和假设部分,提出“并购功能”(M & A Function)的概念,在企业有意识地专门设立对并购经验进行收集、整合和传播的部门,研究表明并购功能的学习过程有助于企业并购能力的构建与发展,而并购能力的发展又会对企业并购绩效产生正的影响。与大多数的回归分析不同，这篇文章采用结构方程模型中的偏最小平方法。偏最小平方法常在理论较新、结构方程模型不能测试等情况下使用。

Field & Mkrtchyan(2017)使用美国 1998—2014 年 993 家企业 1766 起并购数据，检验董事会并购经验与后续并购绩效之间的关系。研究发现，除了并购经验本身之外，并购经验质量能够增加并购企业价值。有并购经验董事会会回避存在高损失的并购，有经验的董事会支持选择会带来更高协同效应的目标企业，有经验的董事会支持目标企业的整合，会促进全要素生产和经营绩效的改进。这一发现为企业选择董事提供经验证据。

Popli 等 (2017)运用拓展了企业资源理论，使用印度 2005—2013 年 568 起并购交易，研究企业集团各个成员企业的并购后长期绩效。相对其他独立企业而言，集团附属企业充分利用附属优势获得更好的长期并购绩效。在企业集团内部一致性的假设下，证实了之前绩效并购经验、集团多元化以及董事会水平关系的集团内部的变化，影响到附属企业长期并购绩效。研究表明企业集团中，集团并购经验对附属企业并购后长期绩效有正的影响。这对新兴经济体并购研究提供新的研究证据。

Parola 等 (2014)基于高管团队视角，对 2004－2009 年“财富 1000 家企业”中的 310 起并购企业的交易进行研究后，发现并购经验对高管团队性别多元化的边界影响。实证结果表明高管团队性别多元化有利于并购整合前的绩效，但是妨碍了并购整合后的绩效。并购经验能促进企业层面整合能力的提高，有助于克服高管团队中性别多元化对并购整合绩效带来的负面影响。因此，并购经验成为高管团队中性别多元化与并购绩效之间的调节变量。

(2)并购经验对并购绩效产生负面效应，Kusewitt(1985)调查了美国公司并购绩效，同时使用了市场基础和会计基础来测量并购绩效。发现并购频率、相对规模、行业共性、生命周期、支付方式以及目标企业利润都显著地影响并购绩效。结果是并购频率与并购绩效是负相关。

(3)并购经验与并购绩效具有倒 U 形关系。Finkelstein & Haleblian (2002)基于转移理论，样本选了 1970—1990 年制造行业、主要在四个交易所

(NYSE,AMEX,Nasdaq,OTC)交易的完成的大的并购。完成的并购要约公司超出了目标公司的报价、现金或者证券获得目标公司的股票或者资产、大的并购要求资产超过1000万美元。样本选择了1970—1999年有2次并购的公司,最终样本为98家并购公司的192起并购事件。研究发现相似并购与并购绩效是正相关,还发现了第二次并购绩效低于第一次,尤其是当第一次与第二次并购目标是不同的行业的时候。因此,结果表明转移效应依赖于行业环境的相似性。

Haleblian & Finkelstein(1999)从认知心理学提出转移理论,认为从一个行业向另外行业转移并购路径是行不通的。因此,Haleblian & Finkelstein(1999)假设公司的第二次并购要比第一次的绩效要差。他们发现,与其理论一致的是,并购经验(从1984年从事的并购数量)和绩效的U形关系(对并购者股票的短期异常回报和并购者的利润)。而且,这个研究和随后的相关研究显示,如果目前的并购活动与早期并购存在很大的差异,并购经验会产生负效应。不依赖于过去经验,避免出现不恰当的错误结论,或者有鉴别的对待过去的并购经验,并购绩效趋于好的表现。对于在同行业中进行多次并购,过去的并购经验会带来好处。

(4)并购经验与并购绩效两者没有显著关系。Lahey & Conn(1990)选取样本是在FTC(1981)的发生在1960—1979年的91家主要的并购。并购公司要满足三个条件:第一,并购资产至少达到1000万美元;第二,只含普通股,非普通股税率不同,导致估计的股价不同;第三,每一家并购公司在纽约股市上在并购之前3年及随后都有交易。结果发现并购频率对并购绩效没有显著影响。

Kroll,Wright,Toombs & Leavell(1997)选取样本上市公司发生在1982—1991年的主要并购(在《并购》期刊上出版),并购宣告日在华尔街日报指数可获取,并购必须为并购公司至少带来10%的收入增长;并购相对规模的重要性,使用事件研究法;并购宣告日2年之前及其随后没有发生重要并购;CEO至少在宣告日2年之前或者之后是同一人。最后样本有209家公司。结果表明,之前并购经验对绩效没有影响。

Wright,Kroll,Lado & Van Ness(2002)选取样本上市公司从事的主要并

购(在《并购》期刊上出版),使用的是事件研究法,第一,并购宣告日在华尔街日报指数或者道琼斯新闻检索业务可获取。第二,并购必须为并购公司至少带来10%的收入增长。并且并购规模是大的,并购可能影响公司价值与风险。第三,并购公告发生在 1993 年 1 月 1 日至 1997 年 12 月 31 日之间,保证数据在反垄断和政府规制的一致性。第四,估计并购公司和目标公司的累积异常收益和回报波动的数据可获取。第五,公司数据清晰。最后样本为 163 家公司。之前的并购经验作为控制变量出现,结果表明,之前并购经验对绩效没有影响。

Zollo & Singh(2004)通过实地研究获取美国有并购经历的 12 家商业银行以及对这些银行的 45 位决策者的访谈(主要获取之前并购经验的教训)设计调查问卷,然后在 1996 年进行大样本研究,调查了 250 家美国大银行,包括 95%的业界资产,资产规模最少有 4 亿美元,涵盖了罕见的并购活动和最小交易规模。250 家银行中有 70 家 1985 年之后没有并购,16 家被并购了。最后有 164 家银行,收到了 51 家答复,回复者中有 26 家是公司发展和并购的管理负责人,14 家是并购后整合过程的协调者,8 家是 CFO,3 家是 CEO。最后样本是 47 家公司完成的 577 起并购。结果表明,之前并购经验对并购绩效没有显著性。

King,Dalton & Daily(2004)对公开发行的 93 篇文章使用元分析技术,评估通常研究的前因变量对并购后绩效的影响,发现之前并购经验不影响并购绩效。

(5)并购经验与并购绩效具有波状关系。Hutzschenreuter 等(2014)运用组织学习理论中的"留心"概念,研究之前的并购经验对后续并购绩效的影响。运用美国 1980—2003 年 65 家制造业和采矿公司并购数据,发现两者之间的关系是波状,并运用"留心"的概念解释了并购经验与并购绩效的波状关系:之前成功的并购在未来导致"留心"知识转移,对后续并购产生负的影响。反之产生正的影响。即之前并购绩效影响并购知识转移到后续并购的"留心"程度。并由此认为学习质量比经验质量更重要,实证检验"留心"在组织学习中的作用。

国外学者对并购经验与并购绩效关系的研究源于并购过程中的较低并购成功率,学者发现早期无论是用短期绩效测量(Asquith,1983;Dodd,1980;Jarrell & Poulsen,1989;Malatesta,1983)还是长期绩效测量(Agrawal,Jaffe &

Mandelker,1992; Asquith, 1983; Loderer & Martin, 1992)并购成功率只有25%。因此,学者认为并购需要特别的技能,同时还认为并购经验是公司获得这些技能的主要机制。原因是存在很多并购者习惯于并且成功地通过并购获得市场力(Anand & Singh,1997;Baker & Bresnehan,1985;Barton & Sherman,1984)、重新配置资产(Capron,1999)和构建他们的技术知识(Ahuja & Katila,2001)。很多学者认为经验丰富的并购者有超级并购技巧。总的来说,并购者似乎有潜力从他们的经验中学习,但是一般没有意识到这种潜力。Hayward(2002)认为通过学习,可以学到如何成功并购。国外学者在基于组织学习理论的研究中,将并购经验作为变量输入,通过学习过程,认为输出的就是并购能力,实证研究中并购经验通常用并购次数来衡量,在并购经验与并购绩效的实证检验中,两者的关系不是直接的,结论也不一致,强调在缺乏之前经验的时候,公司需要学习。最具代表性的研究可以参见 Barkeman & Schijven (2008)①。

在最近的研究中,第一,是集中于经验的特征作用。如近期更多研究的是经验的编撰或者编撰程度即经验的质量,而不是累积经验的数量(Hayward,2002;Zollo & Singh,2004)。很多企业热衷于从经验中学习,但是由于企业在实务、流程和形式方面有很大差异,并且经验往往是模糊的,在经验学习中做出推断的过程容易出现错误,但这些错误一般可以纠正的,因此,需要更多关注经验自身的性质(March,2008),企业把经验编码成规则总结过去来预测未来,从原始经验中挖掘启示,开发出各种复杂的估计工具、建模工具和战略规划工具,帮助企业进行并购等决策制定,复制过去的成功,总结过去的失败,提高企业的效能和效率。

第二,识别经验影响学习的调节方式。尽管凭直觉并购经验应该对后续的并购绩效有正的影响,但是这些结论是混合的,因此认为并购经验对并购绩效有调节作用。Haleblian & Finkelstein(1999)讨论任务异质性对组织学习的调

---

① Mario Schijven. Acquisition Capability Development: Behavioral & Cognitive Learning Perspectives[EB/OL]. http://arno. uvt. nl/show. cgi? fid=81884,2011-10-20.

节影响，Zollo & Winter(2002)提供了对这个结论的支持，假设当任务经验高度异质性时，无经验的并购者，更依赖于公司运用显性知识和编撰机制，与这些相反，则依赖于隐性知识积累。为支持这个假设，Zollo & Singh(2004)发现之前的单独并购经验对并购绩效没有正的影响，而知识编撰的经验却有这样的功能。Laamanen & keil(2008)发现尽管并购频率和并购频率变动都很高的企业并购绩效差，两者的关系减弱通过并购规模、并购项目的范围和并购经验的多少来调节。

第三，超越了传统对某一具体交易的并购绩效进行学习评估，包括调查了很多并购(Barkema & Schijven，2008；Laamanen & Keil，2008；Shi & Prescott，2011)。学者们开始分析某一阶段的学习，运用阶段学习指标如溢价支付(Beckman & Haunschild，2002；Haunschild，1994)进行学习评估。

在跨国并购绩效研究中大量地研究并购经验对并购绩效的影响，研究成果非常丰富。学者在研究并购经验和并购绩效关系时加入了更丰富的元素，认为并购经验不是简单并购数量的累积，还考虑了并购经验的质量、并购经验的类型，从并购经验的学习质量等去考查并购经验与并购绩效的关系。例如有学者从企业组织结构研究集团公司并购经验对其附属公司并购绩效的影响。有学者从认知心理学视角研究留意度对两者关系的影响。还有学者从并购动机、连锁董事、董事会警觉程度等方面探究并购绩效的影响因素。

2.4.2　国内关于并购经验对并购绩效研究现状

2.4.2.1　并购经验对并购绩效的影响

吴建祖和陈丽玲(2017)基于学习迁移理论，选取 2003—2013 年 A 股上市公司 398 个海外并购数据，研究高管团队并购经验和并购绩效。研究表明，高管团队并购经验越丰富，并购绩效越好。刘健和刘春林(2016)基于行为学习理论、信息传递理论的社会网络研究、资源依赖观，运用 2006—2013 年 A 股上市公司 738 个并购事件为研究对象，研究关联股东网络并购经验对并购绩效的影响。发现关联股东的并购经验对并购绩效有显著的促进作用。范作冰、杨秀秀和刘慧敏(2016)以2003—2013年江浙沪地区223家制造业上市公司603起并购事件为样本,研究并购经验的学习对并购绩效的影响。研究发现,来自企业内部的并购经验与并购绩效正相关。朱红波(2016)研究CEO经验学习对并购绩效的影响,研究发现,企业并购经验与并购绩效是倒U形关系。并用CEO经验学习解释这一结果,初期CEO能够进行学习,经验积累促进绩效的提高,但是当经验成为一种惯性之后,惯性会有损并购绩效。

2.4.2.2 产权性质对并购绩效的影响

方军雄(2008)认为中央政府控制的企业更可能采取相关并购,做大做强,成为行业领导者,而地方政府控制的企业则可能进行无关多元化并购。研究发现主并企业的所有权性质与并购决策显著正相关。

潘红波和余明桂(2014)研究目标企业的会计信息质量对国有和民营企业并购绩效的影响。结果表明,目标企业会计信息质量对民营企业短期和长期并购绩效都有显著的正影响,说明目标企业会计信息质量有助于民营企业资源配置,而在国有企业中没有发现这种效应。

赵立彬、张秋生和杨志海(2014)按照所有权性质将企业分为国有企业和非国有企业,发现金融发展水平对非国有企业并购绩效有显著的正的影响,而国有企业没有发现这一效果。

汪波、章韬和王纯洁(2013)从行业视角研究,发现国有钢铁企业并购不仅没有改进企业绩效,反而损害了企业绩效。

初春虹、叶陈刚和申斐(2016)对高管的权力与企业并购绩效进行研究,发现国有企业组织权力、声誉权力和所有权权力都对并购绩效产生显著的负的影响。

2.4.2.3 影响并购绩效的其他因素

陈仕华、姜广省和卢昌崇(2013)认为上市公司董事联结是普遍现象,即同时兼任两家或者多家上市公司的高管、董事和监事成员所形成的联结关系。这里的董事联结是指在并购双方企业有互任高管的关系。他们基于并购双方信息不对称视角，研究董事联结对并购绩效的影响，研究中进一步将董事联结细分为外部董事联结、内部董事联结和间接董事联结。研究表明，与没有董事联结关系的公司相比，有董事联结关系的公司，短期并购绩效无显著差异，但是长期并购绩效会更好。

田高良、韩洁和李留闯(2013)基于 Granovettor(1985)的社会镶嵌理论，即企业经济行为和后果镶嵌于社会关系结构中，连锁董事是企业中的重要社会关系，必然影响企业的经济行为和后果，以 2000—2011 年深沪 A 股上市公司并购事件 247 个样本，研究并购双方连锁董事与并购绩效的关系，结果发现连锁董事损害并购绩效。

李卫民和黄旭(2014)基于高层阶梯理论、资源依赖理论、注意力基础观理论，以 2005—2006 年深沪两市 A 股 207 起重大并购行为为样本，研究女性高管对并购绩效的影响。结果表明，女性高管比例与并购绩效显著正相关，女性高管兼职与并购绩效也是显著正相关，但是女性高管两职的状态与并购绩效关系不显著。

葛结根(2015)研究并购支付方式对并购绩效的影响，将并购支付方式分为有偿和无偿支付两种形式，然后进一步将有偿支付分为单一支付方式(现金、资产)和混合支付方式(现金与资产组合以及现金与承担债务组合)研究并购绩效。研究发现，无偿支付并购绩效低于有偿支付并购绩效。现金支付绩效稳定，资产支付的绩效先好后坏，现金与资产组合绩效缓慢上升，现金与承担债务组合绩效先升后降。

王艳和阚铄(2014)研究企业文化对并购绩效的影响，将企业文化强度分为组织制度、内部构建和社会关系三个层面。研究发现，并购方企业文化强度越强，并购长期绩效越差，说明企业文化并没有给收购企业创造价值。

2.4.2.4 并购经验与并购绩效的经验证据

实证研究(表 2-2)表明，并购经验对并购绩效具有以下几种效应。

表 2-2 国内并购绩效与并购经验关系实证研究整理结果

作者（年代）	样本	并购经验衡量指标	并购绩效衡量指标	实证结果
贾昌杰(2003)	沪市制造业上市公司，92家公司，372起并购	之前并购次数；每年并购次数	净资产收益率	正的关系
高良谋(2003)	1999—2001年，中国证券报158个并购案例	哑变量有并购经验为1，否则为0	净资产收益率和主营利润率	没有显著关系
韩立岩和陈庆勇(2007)	2001—2003年，141家上市公司	之前5年并购次数	因子分析绩效综合指标	没有显著关系
吴超鹏，吴世农，郑方镳(2008)	1997—2005年，440家上市公司1317起并购	并购次序，并购间隔	CAR(−5，+5)，OP	学习对绩效有正效应
谢纪纲，田飞等(2009)	2005—2007年，49份问卷	并购管理能力(调查问卷)	并购绩效(没有披露)	正相关关系
郭冰，吕魏，周颖(2011)	2004—2008年，1480起并购	1997年以来的累计并购次数	Cox并购发生率	学习有助于并购能力提高
吴建祖和陈丽玲(2017)	2003—2013年A股上市公司398个海外并购数据	每位成员的并购次数/团队规模	累积超常收益	正相关
刘健和刘春林(2016)	2006—2013年A股上市公司738个并购事件	前三年并购总数	ROA均值	正相关
范作冰、杨秀秀和刘慧敏(2016)	2003—2013年江浙沪地区223家制造业上市公司	并购总数	财务指标，因子分析综合得分	正相关
朱红波(2016)	2008—2014年间1048个并购数据	以前并购次数	短期累积超额收益率	倒U形关系

注：作者对国内关于并购经验与并购绩效实证文章的归纳。

(1)并购经验对并购绩效的正效应。

谢纪纲、田飞等(2009)从朴素逻辑分析角度出发,认为一件事不成功的根本原因是行为者缺乏做事能力,进而推论并购失败是源于企业缺乏并购管理能力。发放问卷600份,调查2005—2007年至少发生一次(含一次)并购的上市或未上市的公司,回收问卷50份,最终有效问卷为49份。结果发现,并购管理能力越强,并购绩效越好。

周泳宏和张晓峰(2010)认为CFO是重要的高级管理人员和知识员工,CFO个人知识和能力影响企业的知识存量、运作和绩效。其样本选择来自巨灵财经数据库中2000—2007年上市交易的A股制造业企业年报数据633个样本,同一任CEO的任期内,发生了CFO变更,并且变更前后经历了完整的一年。最终样本59个。研究发现,CFO背景知识的丰富程度对于知识改进的程度将产生影响,综合性的知识背景将更好地提高CFO吸收各种知识的能力,改进其知识存量,进而影响企业绩效。

郭冰、吕魏、周颖(2011)从并购管理程序熟练程度和以往并购绩效反馈两个角度检验了经验学习对并购决策的影响,选择了国泰安数据库2004—2008年我国上市公司1480起并购事件为样本(交易价格不低于100万元人民币,并购事件发生日前300个交易日和后10个交易日的股价数据完整)。采用Cox分析法分析。结果为经验学习促进企业对并购能力的掌握,强化管理者对经验学习的认知有利于增强组织学习能力和提高管理效率。

吴建祖和陈丽玲(2017)基于学习迁移理论,选取2003—2013年A股上市公司398个海外并购数据,研究高管团队并购经验和并购绩效。研究表明,高管团队并购经验与并购绩效正相关。

刘健和刘春林(2016)基于行为学习理论、信息传递理论的社会网络研究、资源依赖观,运用2006—2013年A股上市公司738个并购事件为研究对象,研究关联股东网络并购经验对并购绩效的影响。发现关联股东的并购经验与并购绩效正相关。

范作冰、杨秀秀和刘慧敏(2016)以2003—2013年江浙沪地区223家制造业上市公司603起并购事件为样本,研究并购经验的学习对并购绩效的影响。

研究发现,来自企业内部的并购经验与并购绩效正相关。

(2)并购经验对并购绩效的负效应。

贾昌杰(2003)认为过去成功的并购经验会降低企业的并购绩效,第一个原因是管理者受到先验经验的影响,受制于过去成功并购经验的制约,使得企业日后的并购行为仅仅是对过去并购行为的简单机械重复,没有注意新的机会和选择。第二个原因是企业所处的外在环境是变化的,当外在环境变化时,还使用过去的思维模式指导行动,显然会产生不好的效果。因此,企业要善于利用过去的并购经验,在动态的并购战略计划中去实施并购战略。

(3)并购经验与并购绩效具有倒U形关系。

韩立岩和陈庆勇(2007)选取样本在2001—2003年上市公司发生的并购事件,最终样本为141家公司(交易金额超过收购公司总资产的4%,若为股权收购,并购前拥有被并购公司20%以下股份,并购后拥有20%以上股份,并购前一年、后一年及后两年无其他重大的收购资产、股份及别的投资活动)。结果发现,并购绩效与并购经验呈现倒U形关系,并认为之前5年之内进行过两次左右并购活动的,并购绩效最好。

吴超鹏、吴世农、郑方镳(2008)运用管理者学习行为和过度自信假说,来解释连续并购绩效下降的现象。样本选取首次公告日在1997—2005年的上市并购事件作为初始样本,按照一定标准删除样本后(如并购公司是连续并购,至少有2次以上并购经验,并购交易金额达到一定起点以上),最后确定下来的样本是440家公司1317起并购。研究结果表明:①将首次并购成功与首次并购失败的企业相比,前者在后续并购中的并购绩效显著下降,原因是过度自信;②管理者是否充分学习也会影响并购绩效,管理者充分学习,将会由于学习效应导致并购绩效上升,否则并购绩效下降;③将首次并购企业与学习交互作用之后,进一步发现,学习效应将调节和加强后续并购的好的绩效。因此,研究充分表明了经验学习在并购绩效中所起到的正的效应。

朱红波(2016)从国泰安并购数据库中选择2008—2014年1048个样本数据,研究CEO经验学习对并购绩效的影响,研究发现,企业并购经验与并购绩效是倒U形关系。并用CEO经验学习解释这一结果,初期CEO能够进行学习，经验积累促进绩效的提高，但是当经验成为一种惯性之后，惯性会有损并购绩效。

(4)并购经验与并购绩效两者无显著性关系。

高良谋(2003)用1999—2001年158个并购案例，研究影响并购后整合绩效，发现并购经验对并购后整合绩效没有显著影响。但是并购方实力及资金在并购后一年对并购绩效在5%的水平上为负。说明，并购方实力越强，对被并购方越是轻视，整合后的绩效越差。

并购企业自身的并购能力是影响并购绩效的一个非常重要的因素，国内学者早期对并购能力理论问题的研究，为企业构建并购能力，通过并购能力提高并购绩效提供了理论基础，但是并购能力仅作为一个概念被提出，还没有形成完整的理论体系。虽然张秋生(2005)、田飞(2011)和张金鑫(2011)等定义了并购能力，阐述了并购能力包含的各个组成要素。但是从前面对并购能力的质性研究的回顾中，学者们对并购能力的界定存在差异，并购能力的量化存在空白，这无疑阻碍了对并购能力相关问题的实证研究。近期，我国学者通过研究并购经验间接检测并购能力与并购绩效的关系，和国外文献一样，我国并购经验对并购绩效的影响是不确定的。并购能力是影响并购绩效的关键变量，可是对并购能力的理解尚未统一。对并购能力的研究还处于初级阶段和探索性阶段，研究主要采用的是规范研究方法，运用文献法归纳整理相关理论或是通过企业实际并购案例，从案例中归纳和提炼可能影响并购能力的各要素。而问卷调查法、专家访谈法、实证研究法运用较少，主要原因在于早期的并购能力问题研究者试图界定并购能力，但是不同研究者对并购能力范畴的理解有差异，量化难度大，这是并购能力研究停滞不前的主要原因。

从对我国并购经验与并购绩效研究文献的梳理中发现，关于并购经验对并购绩效影响的研究不多，学者多从高管团队并购经验、关联股东网络并购以及企业自身并购经验等方面研究两者的关系。相反，我国学者从其他方面研究并购绩效的影响成果丰富，如从董事联结、连锁董事、女性高管、具体并购支付以及企业文化等方面研究。值得关注的是我国学者从企业产权性质研究并购绩效时，结论几乎一致显示为国有企业并购绩效不显著，因此，在研究并购过程中将企业产权属性纳入到研究范畴是一个值得借鉴的地方，该类研究视角为后续研究提供了思路。

2.5 小结

尽管研究并购的文献很多，但是从并购经验视角研究并购绩效的文献相对来说所占比重很小，而我国从并购经验视角研究并购能力的文章更是屈指可数。并购经验是一种隐性知识，深植于企业文化或人的大脑和身体中，只能置于具体情境，通过观察、模仿和实践经验才能获得，隐性知识的协调机制也是企业能力获得的关键，因此循着经验—能力—绩效的路径进行理论归纳，然后对国内外有关并购经验与并购绩效关系研究现状述评，为下一章并购刻意学习机制的论述打下基础。

首先介绍并购能力发展依赖的理论基础，分别为组织学习理论、企业资源基础理论和并购效率理论。组织学习主要包括四个方面：第一，组织学习是对内外部环境的及时、快速的学习反应，是与内外部环境互动的一种行为；第二，组织学习是一个识别错误和纠正错误的过程；第三，组织学习过程与知识创造、积累和传递密不可分；第四，组织学习包括个人、团队和组织三个不同层次的学习。研究组织学习过程必须立足于个体学习理论。组织学习理论为经验转化为能力提供了清晰的思路，强调了个人学习对经验转化为组织能力的重要性。

企业资源基础理论发展依次经历了资源、核心能力和知识的逐步变迁，归纳出企业能力发展中的资源，尤其是对于知识学习和对经验的积累是非常重要的内容。资源基础理论解释了经验知识是企业发展的独特的核心竞争力的原因。

然后分别回顾国内外并购经验与并购绩效的文献，国内倾向于从企业资源基础理论直接研究并购能力的构成要素，国外倾向于从组织学习理论间接研究并购能力，认为并购经验是并购能力的替代变量。近期国内外又出现了相反的路径，国内学者从并购次数研究并购相关问题，而国外学者通过案例分析或者调查问卷量化并购能力的影响因素。尽管最近对并购经验问题的研究有了一些进展，但是公司从并购经验中去学习的问题还是没有得到回答，尤其是依赖学习学到了什么经验。因此，在下一章将讨论并购决策观，通过刻意学习机制建立起并购能力，并购能力构建起来之后，要通过不断的经验学习促进并购能力的发展。

第3章　并购经验、并购能力与并购绩效内在机理和研究假说

3.1　并购决策观点

3.1.1　理性决策观

理性决策要求决策者选择最优决策，使价值最大化。这客观上要求决策者首先需要事先掌握全部信息，了解全部细节，列出全部备选方案，并且能够完整地描述每一个备选方案所产生的各种结果。这些备选方案的利益和效用是同质的，无差异。其次，理性决策还要考虑成本与效益的原则，理性决策要求决策者对每一备选方案进行比较和计算。最后，理性决策还要求决策者有无限的时间、空间去选择备选方案，同时还需要具有一定的价值观去判断哪种方案最优。在并购决策中，并购决策已经被决定，进行并购的公司被当成一个单一决策单位，不可拆分，公司各成员包括高管人员、业务经理和不同部门经理都被视为一个整体，不存在不一致的观点。因此，并购是一种完全理性决策过程。

在实际决策过程中，决策者通常会放弃最优、最大价值的要求，在寻找最优方案的过程中，遇到令人满意的方案，即停止寻找行动。这首先是因为信息的不对称，决策者不能获得关于方案的所有信息，不能考虑方案涉及的每一个问题。其次，方案选择的标准是成本效益最大化，决策过程需要有成本，不仅需要资金，也包括时间和精力，所以决策者在决策过程中，由于受到主客观条件的限制，一旦发现一个备选方案可行，决策者就会停止选择行动。这种决策被称为是有限理性决策。

3.1.2　并购计划观

并购计划观认为并购并不是一次性的项目，企业在实现愿景的过程中，必须经历多起并购来实现其战略目标。和执行独立的并购交易相比，这些多起并购都是为了实现特定的战略目标。Schipper & Thompson(1983)通过比较集团并购，发现具体并购事件和并购活动项目对企业价值的影响存在差异，同时他们还发现，并购项目宣告日有显著的正绩效。但是，当制度环境变化时，并购项目宣告日出现显著的负绩效。Schipper & Thompson(1983)还认为，具体的并购经常嵌入在一般的并购项目当中。因此，他们认为在这些项目中的未来并购是可以预测的。Amburgey & Miner(1992)认为公司通过连续并购为公司未来创造一种战略势头。他们用历史事件法分析 1949—1977 年 262 家大公司，发现在重复并购活动中同一类型并购的发生率增加。

并购计划观还将并购看作一个连续的过程，每一个过程都是由不同的阶段组成，连续并购是在一段时间内进行的多起并购。按照签约是否成功，或者并购交易是否成功，并购分为签约前和签约后两个阶段。签约前要经历尽职调查、谈判，签约后要经历并购后整合。每一个并购阶段中都包含特定的知识、技能、系统、结构和流程，每一个并购阶段又都嵌入了不同的并购能力，比如识别适合的并购目标的能力、谈判能力和管理整合过程的能力(Haspeslagh & Jemison,1991)。因此，并购能力首先体现在并购计划阶段，而整合能力和编撰积累的并购知识的能力需要多次并购才能得出正确的推论(Haleblian & Finkelstein,1999)，执行并购需要很多努力去完善这一过程，不是简单的单次并购就可以达到的。

每起并购时间间隔要适度，时间间隔不能太短也不能太长，合理的并购时间间隔一定是使管理者有充足的时间去支配各起并购项目，考虑和决定投入多少精力运行现有的并购过程，多少时间去管理其他并购的整合过程，但是当并购时间间隔太短，管理者必然会经历时间压缩，在一些情况下会妥协他们的分析质量(Fuller,Netter & Stegemoller,2002; Billett & Qian,2005;Aktas,Bodt & Roll,2006;Doukas & Petmezas,2006)。也就是，并购过于集中会妨碍并购的效果(e. g. Kusewitt,1985; Shaver,2006)。并购能力的构建需要足够的时间从个人经验中感觉和学习(Zollo & Winter,2002),因此对于较少并购的企业,两次并购时间间隔太长,参加并购过程的人员解散,不能从较早的经验中获得收益,而较为活跃的并购者也会因为并购时间间隔太短,带来时间压缩不经济,这些都不利于并购者推论和并购能力的积累(Dierickx & Cool,1989;Hayward,2002;Vermeulen & Barkema,2002)。

因此,所有的分析都是基于这种假设前提,并购能力发展的前提是并购决策与目标企业在组织适应性和战略适应性上是一致的,即战略适应性已经考虑并购的潜在的价值,组织适应性已经考虑了实现利益的难度。

3.2 并购能力构建的理论分析

3.2.1 经验学习理论的基本观点

经验学习是组织获得、理解、传播、拓展和运用其经验的过程(Huber,1991)。经验学习理论认为在学习过程中,经验的获取与经验的转化是最重要的。早期的经验研究工作很多都是通过案例检验在一段时间内连续重复于某一件事是否可以提高结果,比如重复工作是否可以提高单位成本、劳动生产率,甚至公司绩效,如果结果是肯定的,那么经验学习是有效的,否则经验学习是无效的。早期学习曲线原理很简单,也没有什么理论,强调了学习重要性,也强调随着经验的积累人们会越来越熟练。

20 世纪 80 年代,研究者开始大量地使用实证研究,用并购经验去解释并购绩效。例如 Kusewitt(1985)调查了美国公司并购绩效,同时使用了市场基础和会计基础来测量并购绩效,发现并购率、相对规模、行业共性、生命周期、支付方式以及目标企业利润都显著地影响并购绩效。

20 世纪 90 年代中期,研究者通过吸收相关学科,主要是心理学和社会学,超越传统的学习曲线视角,标志着组织学习理论进入相当成熟的发展阶段。比如,Haleblian & Finkelstein(1999)从认知心理学提出转移理论,认为将一个行业的并购路径,用于另外一个行业的并购是行不通的。换句话说,在一个行业取得的并购经验并不适用于另外一个行业，也不能保证之前的并购经验在另一个行业能够取得并购成功。因此，Haleblian & Finkelstein(1999)发现二次并购的绩效要比首次并购的绩效要差。另外，Haleblian & Finkelstein(1999)还有一个有趣的发现，如果并购前后并购企业与目标企业属于同一个行业，那么结果会比跨行业并购的绩效要好。Schijven & Barkema(2007)也认为同行业并购可以消除并购中出现的因果模糊性问题，当同行业并购积累的并购经验达到一定量的时候，能够实现质的飞跃，企业有能力从事跨行业并购。因此，Schijven & Barkema(2007)认为同行业并购经验对于刚刚从事并购的企业来说很重要，一旦并购能力形成，这些并购经验就显得不那么重要了。

经验学习研究者还认为，除了自身获得的一手经验之外，还可以通过模仿和替代学习①获取二手经验，基于社会学的模仿理论(DiMaggio & Powell, 1983)和心理学替代理论(Bandura, 1977)，经验学习开拓了一个新的领域。通过连锁董事的网络关系，公司会更倾向于模仿网络关系中的合伙人的并购行为，在并购中会选择合伙人曾经选择过的投资银行、并购规模和并购溢价等，甚至有的公司在并购中还模仿竞争对手的并购目标(Haunschild, 1993, 1994; Haunschild & Beckman, 1998; Haunschild & Miner, 1997; Westphal, Seidel & Stewart, 2001; Baum, Li & Usher, 2000)。结果发现，公司通过挖掘他们的网络合伙人的经验，公司支付溢价趋于下降，异常回报更高(Beckman & Haunschild, 2002)。因此，通过模仿、通过从不同经验中替代学习能够帮助公司增加它们自己并购的成功率。

从上述经验学习观点的描述中，可以归纳出经验学习的主要方式和经验的主要特征。经验学习既可以通过自身获取经验，也可以通过模仿和替代学习获取间接并购经验。无论哪一种方式获取的经验，都属于一种隐性知识，反映了个人从经验中学习的能力以及在追求和实现个人价值目标时运用知识的能力。经验具备隐性知识的四个基本特征：

① 替代学习机制有经理参加研讨会、基准、定期讨论和其他经理的定期讨论，但是在公司获得更多经验之后模仿和替代学习效应趋于弱化。

(1)经验难以记录、难以形式化(Nonaka,1991)。拥有经验的人不能解释他们基于行为的决策规则:“技巧性行为的目的是通过对一系列不为效仿者所知的规则的观察而得以实现的”(Polanyi,1962)。由于只有体验才能获得经验,如果没有一定程度的共同体验,要想将自己的想法投影到他人的思维中,引起共鸣是很难的。

(2)经验属于个人知识。Sternberg(1994)和 Nonaka(1991)认为它具有认知的层面,他们认为隐性知识由竞争模型构成,人们在某些特定的情况下按照竞争模型行事。这些都深深地根植于个人当中,并被视为是理所当然的。Ravetz(1971)认为,知识与人浑然一体,深深地嵌入在个体之中,很难将两者区分开来,这就是为什么它不能被表达以及为什么依附于知情者的一个原因。

(3)经验具有实用性(Sternberg,1994)。经验是对过程进行的描述,如果和一些学者一样将资源(生产过程的输入)和能力(资源被运用的过程)区分开来,而不是使用一个广义的词汇“资源”(两种含义兼有),那么当谈到经验的时候,使用能力而不是资源会比较合适,在这个方面,它与技术诀窍相似。

(4)经验只适用于特定的环境。因为它通常只有在使用到的工作和情况下才会被需要(Sternberg,1994),或者如 Nonak(1991)所述,经验深深根植于行为以及个人对特定环境——一种手艺或职业,一种特定的技术或者产品市场,或是工作团队的活动——的责任。

3.2.2 高管(团队)认知模式

并购能力发展理论上应该在初始的时候基于某一种业务的并购,而不是涉足多个经营领域,进而拓展到其他经营领域。高管并购能力受制于他们所习惯的主导逻辑,即他们在进行战略决策时受制于过去的并购经验。在企业的并购过程中,总会有一些并购处于核心地位,成为企业的核心并购业务。高管受制于这些核心业务的影响,这种核心业务的特征倾向于使管理者按照某种方式来定义问题,寻求解决途径。

在相关并购中,相关并购由核心业务所发展出来的主导逻辑可以有效转移到其他相关业务的管理上,相关并购导致发展并购能力的理论是存在一种万能的并购技能，这种技能使得企业能够成功地从事相关并购。但是事实上，企业业务定位与运行管理是一个与环境变化互动的过程，要求企业的高管进行有效的决策，而决策需要决策者对内外部环境进行认知和判断，这种认知和判断决定于管理者的认知模式。现实中管理者往往根据过去经历构造的认知模式来了解环境因素。认知理论研究表明，当遇到新的环境刺激时，对旧环境进行解释或者做出反应的思维模式倾向于继续发挥作用。这种认知上的局限性导致管理者在某个熟悉的领域理解的管理经验不自觉地转移应用到其他陌生的不相关领域。

管理人员及其团队是并购过程中重要的参与者，其掌握的知识、诀窍和并购经验显著地影响并购结果。从并购过程来看，在并购准备阶段并购战略计划制定、目标对象选择，离不开各层管理人员和部门专家的积极参与。并购过程中的尽职调查和谈判工作离不开管理者的参与，整合阶段离不开项目经理的参与。不同阶段不同的管理者利用他们的知识和技能去感知到机会与威胁，抓住机会，重组企业资源，是并购活动得以顺利和成功展开的重要前提。并购能力的形成不仅取决于经验学习中形成的惯例与流程，而且还会受到企业高管认知的影响。邓少军和芮明杰(2013)提出认知是能力发展的“过滤器”，只有受到管理者关注和符合其认知模式的能力领域才会得到更多的发展。Helfat & Martin(2014)发现高管认知能力潜在影响企业战略变化。Gavetti(2012)认为具有超强认知能力的管理者能够避免陷阱，能够更成功地识别出战略机会。Kaplan 等 (2003)也发现高管的认知模式影响企业的行为。

3.2.2.1　高管(团队)认知的构成

维基百科中对“认知”的解释是通过实现、经验和感知获取知识和理解的心理行为或者过程，包括注意力、知识形成、记忆和工作记忆、判断和评价、推理和计算、解决问题和决策等。《辞海》中对“认知”的解释是人类认识客观事物、获取知识的活动，包括知觉、记忆、学习、言语、思维和问题解决等过程，是人对外界信息进行积极加工的过程(王志良等，2011)。认知的过程是利用已有的知识产生出新的知识。王志良等(2011)认为社会感知部分和社会认知部分产生于人脑的不同区域。胡琼晶和谢小云(2015)研究中发现团队内的地位高的成员比地位低的成员更愿意分享知识。地位稳定性和与地位相关的个体特质对知识分享行为也存在影响。Helfat & Martin(2014)将高管的认知分为三个方面:知识结构、心智过程和情感调节;骆志豪和胡金星(2010)则将高管心智模式分为知识体系、信念体系和改善体系,并认为高管知识体系和信念体系是心智模式的主要内容。由此可见知识结构和心智模式对高管认知起到重要作用。

1. 高管的知识结构

高管的知识结构是高管接受的教育和精力体验积淀而成(骆志豪和胡金星,2010)。知识结构直接影响其在预测市场变化时的偏好、理解和行动。经验证据显示管理者有着不同的知识结构转移方式。管理者不仅有能力在不同情境下建立起知识结构的联系,而且有能力将知识转化到不同的情境中去。高管的认知会影响任务区分与整合的对象、时机和方式的选择,有对认知任务进行区分和有效整合的能力(邓少军和芮明杰,2013)。

管理者认知能力是管理者执行一个或者多个包含认知的心理活动的能力。这些心理活动包括注意和感知,推理和解决问题,语言和交流等。感知和注意力是管理者认知结构中比较重要的两个认知能力。感知是一种主观感受,其本质是对特定的环境中有用和有意义的信息构建。之前的知识、期望和信念会指引感知活动。有经验研究表明,专家的模式认知比新手的模式认知要更快,说明之前的专业知识和经验有助于感知的形成,并形成一种路径依赖,即之前的经验形成新的感知,成为经验的一部分,又能够为后续感知活动继续提供经验。

注意力是认知心理学家 James(1890)首次提出,注意力是个人意识的焦点集中。Simon(1947)将注意力引入管理学理论。管理者注意力是由关注、编码、解释和聚集组成。卫武和黄昌洋(2018)认为关注是管理者投入时间和资源用于扫描不同信息。编码是管理者通过正式语言、文字、图标等形式表示,并归纳、整理和处理转化为可以储存的结构化过程。解释是管理者通过语言、文字和认知框架对所关注的赋予或者构建含义的过程。聚焦是管理者对于某个特定过程给予更多的时间和资源进行关注。

2. 高管的心智模式

心理学中将心智模式分为两种:一种是自动的心智模式,这种模式能够对外部刺激和数据快速反应。另一种是刻意的心智模式,这种模式能够组织和排序行为,包括逻辑和理性、抽象思考、解决问题、计划和执行有目的的行为。经验的发展首先依赖于刻意的心智过程,有意识地行为,随着实践的增加,心智过程由刻意心智过程转变成为自动的心智过程,变成快速反应的模式。实践可以提高心智过程的速度和熟练程度,减少操作对大脑容量的需求,因此,实践有助于认知能力的提高,神经影像研究也揭示大脑结构发展与经验有关。Posner等(1997)发现实践会改变使用大脑区域的大小或者数量,并且改变其使用的路径。这说明经常使用某种心智活动的人比不经常使用这种心智活动的人在这方面的认知能力会更强一些,其能力通过反复实践得到加强。这就解释了人们之间在某个领域的之前的经验存在的差异,可能是由于对自动的还是刻意的心智过程依赖的异质性。虽然自动心智过程能够改变心智过程的速度,以及对脑容量的需求减少,但是也导致在做决策时存在的偏见。

邓少军和芮明杰(2013)提出管理者认知柔性是指管理者的心智模式能够根据环境变化要求适时调整和改变的能力。管理者认知复杂性是指管理组织的认知结构能够容纳并有效整合多种不同甚至相互矛盾信息的能力。他在认知过程中通过路径创造的认知搜寻过程获取新知识和新机会,然后通过管理者认知上的战略意义构建。他们还强调管理者认知过程中将缜密分析或专注的理性认识与基于情感、直觉或习惯的感性认识结合起来。

3.2.2.2 高管团队心智模式中的认知功能

1. 并购准备阶段中的表现

根据并购企业性质的不同,并购过程也存在差异,上市公司和非上市公司也存在差异。一般会对目标企业进行尽职调查,了解外部法律环境和目标企业的基本情况。没有一个人能够单独完成并购业务,通常需要团队完成此阶段各项任务。企业在这个阶段会通过组建并购团队,汇集不同的专业人才。这个阶段的高管也起到非常关键的作用。邓少军和芮明杰(2013)认为高管的认知会影响任务区分与整合的对象、时机和方式的选择，有对认知任务进行区分和有效整合的能力。吴建祖和毕玉胜(2013)发现高管团队对信息过滤和筛选进行选择性注意，然后对注意到的信息给予意义建构和意义赋予的解释，最后做出战略选择。因此，企业战略选择是高管团队注意力配置的结果，不同注意力配置，其战略不同。刘景江和王文星(2013)提到之前的管理者注意力主要是觉察、编码、解释并集中投入时间和精力的过程，管理者注意力有三种类型：注意性洞察、注意性施加和注意性选择。

2. 并购交易阶段中的表现

并购交易阶段主要有并购谈判、签订并购合同等，其谈判主要围绕并购价格和并购条件进行。这个阶段主要涉及管理者解决问题能力和理性认知能力。解决问题是发现解决问题的方式并达到目标，而理性认知是指根据信息得到有效合理的结论(Gazzaniga 等，2010)。具备超强理性和解决问题能力的管理者能够做出更好的投资决策。过度自信是高管的心理特征(胡秀群和胡国柳，2012)，并购中管理者过度自信的研究从反面印证了这个观点。孙艳梅、郭敏和韩金晓(2016)研究发现高管过度自信提高企业并购的次数，过度自信的 CEO 容易高估并购带来的协同效应，偏好使用现金方式进行并购。史永东和朱广印(2010)发现管理者过度自信是企业并购的重要动力和原因，过度自信的企业比非过度自信的企业并购行为高 20%左右。

3. 并购整合阶段中的表现

并购整合阶段主要有财务、人力资源、资产和企业文化整合等。当并购交易完成之后，主并企业开始接管目标企业，对其进行实质性的整合。与并购准备阶段一样，并购整合阶段也不是某一个部门可以完成的，需要来自不同专业的人才组建的团队共同完成[①]。唐兵，田留文和曹锦周(2012)通过案例分析，发现并购企业领导力来自并购企业高管决策力、沟通力、激励力和影响力使得并购企业高管有效主导并购活动的开展，并对并购价值创造产生主导性作用。

---

① 王寅人，蒋颖极．企业并购后的整合风险应对［EB/OL］. http://finance.sina.com.cn/leadership/mroll/20110412/14529675351.shtml，2018-05-10.

3.2.3 并购经验学习机制

Nummela & Hassett(2016)基于并购能力模式，认为并购能力是嵌入并购过程中，通过并购前的合适目标企业的识别、并购过程中的谈判和并购后资源整合，形成的不同阶段的并购能力，而这些阶段性的并购能力的形成是建立在不同的技巧、过程、程序、组织结构、决策规则和原则的微观基础之上(Teece，2007)，是并购能力形成的基石，是企业获得并购成功的重要基础。这些微观基础可以分为两类：一类是技巧和资源；另一类是路径和过程。其中第一类是从管理者和企业层面进行分析，第二类是关于个人并购经验如何通过经验学习向并购能力转化。本部分重点说明并购经验向并购能力转化的学习机制。

刻意学习是有意地、特意地、用心地去学习，在刻意学习中对知识进行编码是一种重要的学习方式，即把隐性知识转化为显性知识的过程，显性化的知识更有助于知识的存贮和传播。有两种机制在知识编码和并购绩效之间发挥调节作用：第一种机制是因果机制(causation)，因果机制认为并购交易之间存在因果联系，通过对经验的编码，可以解开两者之间内在的联系；第二种机制是谨慎机制(caution)，和因果机制不同的是，谨慎机制认为并购交易彼此之间存在差异，即使对并购经验中的知识进行编码，也难以完全解开因果模糊之谜，谨慎机制的作用在于帮助企业识别经验不适用之处，从而对并购中的风险问题进行管理，避免出现错误一般化的问题。因此，Heimeriks & Schijven(2009)实证研究支持了对并购经验中的知识编码，控制了风险，从而对并购绩效产生积极的影响。Zollo(2009)指出，知识编码能抑制企业的迷信学习或过度自信造成的负面影响，异质性经验也有类似的作用。

在并购中，并购经验学习机制促进了个别项目的经验转化为系统的企业经验，并促进并购经验在后续并购项目中的应用。基于经验学习的过程，可以把经验学习过程分为四个阶段：经验清晰化、经验编撰、经验分享以及经验内化。

3.2.3.1 经验清晰化

个人是经验的载体(Senge,1997),这些经验通常具有很强的体验性和个人性(Polanyi,1996;Badaraeeo,1991)。如果能够将这些个人经验外部化,企业就能够从中学到很多。把个人经验尽可能多地外显化的过程就是经验的清晰化。通过各种形式,运用各种方式,可以对经验进行清晰化,清晰化后的经验和清晰化前的经验相比,前者转化一种显性知识,易读、易懂、易看、易传播,因此也易学习。(Nonaka,1994;Winter,1987)。

管理者个人在并购中通过亲自参与、切身感受获得的并购经验,通过经验清晰化后将会对企业后续并购非常有利。首先,经验清晰化要求企业对并购活动案例一一进行梳理并记录在案,以文字记录的并购经验就不会因为并购人员的离职、调动而丧失。其次,参与并购的管理人员在总结过去并购行为时,必须将并购过程中的重大决策和行动明示出来,这样才能帮助和指导企业在学习这些历史记录时,更好地置身于当时的情景去理解行动与结果之间的因果联系。因此,回忆、思考和记录这一系列的过程,不自觉地帮助企业从事和参与并购的管理人员梳理出并购流程、并购事件中关键要点以及实施并购活动中的有效方式。在现实中对并购经验的梳理有很多方式,如定期听取从事并购活动人员的工作汇报会等。梳理并购经验并将其清晰化将个人并购经验外显化,将有助于企业取得更大的并购成功。

3.2.3.2 经验编撰

经验编撰是将企业和管理者个人的经验进行解码,转化为指导性文件或工具,如手册、蓝图、电子表格、决策支持系统、项目管理软件等。早期的经验编撰只包括了对企业现有经验的记录(Kogut & Zander,1992;Nonaka,1994),但是Zollo & Winter(2002)更进一步认为经验编撰应该具有运用的功能,能够对未来的并购行为具有指导作用。

经验编撰与经验清晰化两者之间最大的不同在于,前者是并购经验转化的实质性工作,将并购经验编撰成为指导后续并购的手册和指南,总结出不同类型并购活动中的成功经验和失败教训，帮助企业找到复制成功的最佳方式和路径，为后续并购工作提供理论支持。后者仅是并购经验外部化的一种表现形式，是并购经验从隐形走向显性的一种方式。很多企业通过编撰自身并购经验，将其形成文件用于指导以后的并购行为获得了巨大的成功。

3.2.3.3　经验分享

并购经验分享是指企业内部通过个人与个人，个人与团队以及个人与企业之间进行经验分享，相互交流和传播彼此拥有的并购经验(Brown & Duguid，1991；March，Sproull & Tamuz，1991)。个人与个人之间的交流，经验更容易被分享。对于已经明晰和编撰出的经验，企业通过自身这个平台可以更好地将经验在个体之间进行传播，通过不断地传播这些经验，形成理念，并将其概化，使其更加便于传播。面对面的交流，使得管理者之间能够直面具体的问题，互相解读对存在疑惑问题的讨论、解释到最后达成共识。面对面的交流，使得管理者能够看到并购交易背后实际发生的种种细节，超越了书面文字所记载的内容。

并购经验的分享有很多具体方法，既可以举办正式的经验分享会，分享过去经历的并购事件，也可以定期听取正在进行中的并购活动的进程汇报，还可以使用非正式的访谈、聊天、微博、微信等方式了解并购活动的相关信息。总之，这些形式多样的并购经验分享机制对组织内并购经验的学习和积累起到了关键的作用。

3.2.3.4　经验内化

个人以各种形式掌握的在特定任务中不断取得的经验对企业来说是非常重要的，Nonaka(1994)就曾经指出经验内化在建立个人对组织经验吸收的程序的实践中扮演了重要的角色。经验分享更注重经验如何在来源方和接受方之间传播，而经验内化更强调了吸收能力(Cohen & Levinihal，1990)的重要性。当个人吸收与特定任务相关的经验时，不仅仅需要了解这些经验的内容，还应该熟练地应用它们。

再好的经验，再好的手册，再好的交流会，只有有效地吸收才能发挥经验积极的作用，因此并购经验内化必不可少。传统上可以通过培训的方式帮助个人吸取经验教训，在并购实务中，通过并购培训也可以达到较好的效果。比如，企业为参与并购业务的新成员提供在岗培训的机会，通过“干中学”的方法帮助他们吸收那些并购经验，提高他们的并购能力，或者聘请有经验的专家对企业进行相关知识的培训，帮助积累并购知识。因此，并购内化就是获得并购知识后，还要有对知识的吸收能力和运用的能力，最后才能找到最优的方法去实施并购。

总之，经验学习有两种具体的方式：第一是试误，就是亲自摸索、不断尝试，观察结果，复制与成功相连的行动，回避与失败相连的行动。第二是模仿，模仿就是观察其他行动者的经验，其他行动者采取什么行动获得了成功，就采取什么行动，其他行动者采取什么行动遭受失败，那就回避什么行动。模仿实质是替代学习过程，透过观察他人的行为及行为之后所产生的结果，作为自己学习的依据，并不需要每一种行为均亲自动手体验，因此通过观察来学习而获得行为的规则，通过社会榜样的行为示范，学习者可以吸收他人所表现出来和创造出来的信息，从而丰富自己的知识、技能。这两种学习方式都会改变认知过程，实现各自的自我调节。通过上述并购经验学习的四个阶段，经验清晰化—经验编撰—经验分享—经验内化，内嵌于企业管理者个人、管理团队和企业的并购经验形成了三个层次的互动关系，一般始于组织中个人的探索，一旦获得成功，最终将会在组织中得到推广和应用。管理者个人经验是经验学习的基础，管理者团队经验学习介于个人经验学习和企业经验学习之间，是个人经验学习和企业经验学习的桥梁，深层次的团队经验学习能够促进高层次的集体思考和交流，企业经验学习的关键是发挥经验整合效应，三个层次四个阶段的经验学习机制是提升并购能力的长效机制。

3.3　小结

我国公司并购起步较晚，但是连续并购的现象已经成为我国并购市场的一个基本特征。学者们认为公司对过去经验学习是并购能力的主要决定因素（Zollo & Winter，2002）。但是，现有的文献中关于公司是否在并购经验中学习存在很多冲突的地方，而且公司在并购中是否学习、如何学习和多大程度上学习尚待研究，这些问题对于更好地理解公司并购中的决定因素以及公司间绩效存在差异有很重要的作用。

（1）引入了并购计划假说，并购并不是一次性的项目，企业在实现自己愿景的过程中，必须经历多起并购来实现其战略目标。和执行独立的并购交易相比，这些多起并购都是为了实现特定的战略目标。并购是一个连续的过程，每一个过程都是由不同的阶段组成，连续并购是在一段时间内的进行的多起并购。同时，并购也需要时间去整合和学习。

（2）从组织学习包含三个层面——个人、团队和公司入手分析，四个并购学习阶段的刻意学习机制有助于并购能力的形成，依次通过经验清晰化—经验编撰—经验分享—经验内化，并购经验在组织中个人的探索，一旦获得成功，最终将会在组织中得到推广和应用。这是一个将并购知识显性化的过程，为更多人成功并购提供参考依据。这不仅可以为有并购经验但曾经失败的企业提供学习模板，还可以为没有并购经验的企业提供学习模板，为正在进行并购的企业提供榜样进行模仿，模仿目标企业选取、价格的制定、融资银行的选择等，也可以为潜在的并购企业提供学习模板，为其将来的并购行动提供指南。因此，三个层次四个阶段这种经验学习机制是提升并购能力的长效机制。

第4章 高管(团队)认知对并购能力影响的实证研究

并购不仅是企业自己获得增长、获取租金、资源外部创新和维持竞争优势的重要手段,也是资本市场支持实体经济发展的重要方式,在产业转型升级、战略性新兴产业发展和国有企业改革等方面发挥重要作用。据证监会发布信息显示,2016年我国上市公司并购交易金额为2.39亿元,年均增长率41.4%,居全球第二①。但是,我国上市并购成功率并不高,很可能在并购初始阶段就失败。因此,公司并购能力是保证公司并购成功最重要的能力之一。但是,并购能力是什么,哪些因素会对并购能力产生影响呢?

我国学者近期对并购能力的讨论主要集中在三个方面:一是并购能力的理论。学者们主要还是基于企业资源论阐述并购能力,认为并购能力是一组例程或惯例,是对企业自身过剩资源的转移(陶瑞,2014),或者认为并购能力是从资源到并购绩效的转换效率(葛伟杰、张秋生和张自巧,2015)。二是并购能力构成。并购能力包含支付能力、信息能力、组织能力和整合管理能力(陶瑞,2014)。并购资源能力有企业物力能力、融资能力、盈利能力;并购整合能力有公司治理能力、风险管理控制能力和企业家能力等方面(方洁、潘海英和刘布勇,2017)。三是对并购能力的度量。陶瑞(2014)采用模糊积分法,首先利用专家打分给出各指标权重(模糊密度),然后计算模糊积分评价值,最后对企业并购能力进行评价。葛伟杰、张秋生和张自巧(2015)采用数据包络分析方法,通

---

① 上市公司并购重组服务实体经济转方式调结构取得明显成效[EB/OL]. www.csrc.gov.cn/pub/newsite/gjb/dyxc/ 201708/t20170815_322153.html,2018-03-08.

过输入资源和输入并购绩效，间接测量资源到绩效转化的效率值即为并购能力的大小。方洁、潘海英和刘布勇(2017)构建并购能力指标体系，运用因子分析方法获得并购能力指数。

学者们认为公司对过去经验学习是并购能力的主要决定因素(Zollo & Winter，2002)。企业通过对并购经验的积累与内化，能够掌握大量的并购技能和资源，形成并购能力。从组织学习理论的学习视角来看，企业从经验中对知识和常规进行编码，指导未来的行为。企业从不断积累的并购经验中学习，形成一些惯例，使并购者更加熟悉并购过程，更好选择和评估目标企业、谈判、整合后获得潜在的协同效应。因此，并购经验能够使并购者从以前的经验中去学习，提高并购能力，形成竞争优势。从组织学习理论中的吸收能力视角来看，尽管学术界对并购学习研究有很大的进展(e.g. Kale & Singh，2007；Zollo & Singh，2004；Zollo & Reuer，2010；Haleblian & Finkelstein，1999)。但是，现有的文献中关于公司是否在并购中经验学习存在很多冲突的地方：并购经验对并购绩效的正效应、负效应和U型效应(Barkema & Schijven，2008)，以及公司在并购中是否学习、如何学习和多大程度上学习尚待研究，这些问题对于更好地理解公司并购中的决定因素以及公司间绩效存在差异有很重要的作用。

这一部分的主要贡献体现在两个方面：首先，指出了组织学习文献中个人学习层面对组织学习的重要性。以前组织学习研究主要集中在公司层面对并购经验的学习进行研究，但是组织学习包含三个层面——个人、团队和公司，因此，公司层面的研究仅仅包含了其中的一个面，而且学者也指出个人层面的学习是组织学习中的关键层面(Senge，1990)，公司学习即使是通过知识编撰最终也是依赖于公司中的个人经验和学习(Crossan，Lane & White，1999)。因此，从个人层面的并购经验解释如何影响公司的绩效对于更好理解学习有助于形成公司并购能力非常重要。其次，拓展了并购文献中对并购成败原因的解释。高管并购经验是并购成功的关键因素之一，但是一直被忽视。并购是由很多阶段组成的一种决策，有并购经验的高管在并购选择阶段会首先预判并购行为后果，避免选择会带来巨大损失的并购，会考虑能带来更高协同效应的目标公司。在并购整合阶段从事全要素生产和经营绩效的改进，有助于对目标公司的整合。高管过去的并购经验，无论是成功的还是失败的，都会对高管并购能力产生巩固和修正的作用，并对其未来的并购行为产生影响。因此，这一部分从高管并购经验角度出发，主要研究高管并购经验对并购能力的影响，进一步检验高管并购经验对并购能力的影响以及高管轮换如何影响并购能力。

后续部分结构安排为：4.1 是对并购经验和并购绩效的理论分析与研究假设；4.2 是研究设计；4.3 是实证检验结果与分析；最后是小结。

4.1 理论分析与研究假说

4.1.1 高管个人认知与企业并购能力

Crossan，Lane & White(1999)将组织学习框架分为三个层次：个人、团队和公司，首先个人将获得的经验进行解释，然后由公司根据对解释的理解，整合形成新的知识，最后公司将这些新知识制度化为工作的路径和日常工作的规则。基于 Crossan(1999)框架，这里首先强调高管个人在组织学习中的角色，尤其是，个人在组织学习中通过个人经验学习发挥出来的重要作用。和其他领域相比，一些客观因素使得个人在组织学习中起到关键的作用。第一，由于并购活动本身的复杂性，只有少数高管能够参与并购决策，因此，与公司中其他领域学习相比，并购中的个人人力资本因素起到很重要的作用。第二，公司中知识编撰依赖于个人。尽管公司会从这些编撰中受益，但并不是所有高管的知识都能被编撰，由于个人是有限理性的(Simon，1952)，知识编撰是有成本的，也不是所有知识都能被编撰，如隐性知识就不容易编撰(Szulanski，1996)。并购活动是高度复杂的，很多知识是隐性的，因此，除了公司已经编撰的知识外(Zollo & Singh，2004；Zollo，2009)，高管个人就是公司发展中没有被编撰的知识的重要的储备者。第三，高管知识通过以前经验获得形成他们相关战略人力资本的重要组成部分，高管从这些知识中能够获取租金，如果高管与他人分享他们的知识，他们就会失去这些知识的商业价值以及从这些知识中获得适当租金的能力(Arrow，1971)。所以一定存在没有被编撰到的高管知识。

高管学习从三个方面强化自己——公司战略和目标/合伙选择(Capron &

Mitchell,2009)、交易执行和交易完成。在公司并购计划中，经验越丰富的高管越可能会提高选择知识改进公司发展战略，选择最适合企业战略和环境的并购目标，经验越丰富的高管越可能会选择适合的公司发展模式达到这个目标。类似地，在并购交易中，经验越丰富的高管越可能会运用知识改进交易执行，如恰当地估计协同和相应的战略价格，优化交易融资或者成功的谈判。在并购整合阶段，经验越丰富的管理者越可能会加强整合阶段的知识，改进并购后整合的成果，比如获得理想的协同和整合水平。从这个角度看，并购经验丰富的管理者团队会改进并购过程中三个方面，提高企业并购能力。企业内存在难以解码的隐性知识和组织惯例，即使是通过培训也不能传授这类知识，对并购中的隐性知识需要时间和过程去领会与感悟。对这种知识的领会与任职时间也有关系，一般任职时间越久，领会得越透彻，越能处理复杂决策，越能从经验中提取公司成功发展的重复经验。Arrow(1991)的干中学效应，是指在工作中进行学习，不断积累经验。Aktas 等(2009)认为并购也是一种在干中学，并购者更能准确地评估预期的协同效应，从而更积极地收购目标企业。高管在其工作岗位上通过并购获取更多知识和经验，通过不断学习积累更多知识和经验，使得相关能力获得更大提高。

假设 H1:高管个人的知识与经验越丰富，企业并购能力越强。

4.1.2　高管团队并购经验与并购能力

基于 Crossan(1999)框架，接着强调高管团队在组织学习中的角色。

(1)在公司战略决策中高管之间的经验是相互依赖的，高管分享了感知和解释他们内部依赖的经验，为公司发展创造了团队学习的知识，高管尤其是 CEO、CFO 和公司其他高管一起几乎参与了公司所有计划、管理和执行(Hayward & Hambrick,1997;Haspeslagh & Jemison,1991;Zorn,2004;Krogh,Sinatra & Singh,1994)。例如，CEO 关于目标适应选择的知识依赖于其他高管曾经成功的执行和整合的学习知识。CEO 选择决策和学习知识是根据 COO (Chief Operating Officer,首席运营官)的整合知识和能力而定，因为 CEO 是在假定 COO 整合知识和能力后做出的选择。

(2)高管知识的粘性。高管和高管团队的学习相关知识被编撰成手册(Zollo & Singh,2004;Zollo,2009),但是不是所有的知识都可以被编撰,如隐性知识不容易编撰,有成本,也违背了高管的理性利益。有些知识不能编撰,如为什么某些公司不能适应当前组织的战略和经验,阻碍整合和协同实现的微观障碍是什么,如何配制和管理公司人力资本有效的整合新的公司。而有的知识却容易编撰,如尽职调查检查表、财务评价、产品图和交易战略备忘录等。而那些不能被编撰的知识很可能使公司获得更好竞争绩效(Winter,1995;Coff & Kryscynski,2011),公司发展学习重要的部分是发生在管理者而又没有被转化为公司的路径,但是,高管以及高管团队运用他们独特的知识获取租金时,个人学习效应仍会对公司战略结果如公司战略、绩效和能力产生影响。当高管离开公司,公司就会失去这些没有被编撰的知识。公司发展的学习效应也会通过高管经验和后续决策的绩效之间的关系强化。由于知识是有黏性的以及高管先验图是基于过去经验构建而成的,当管理者离开公司的时候,管理者会带走这些知识,例如,如果 COO 变化了,CEO 的知识就会陈旧。管理者之间的熟悉和默契程度会下降,原来合作的过程被打破,团队中的知识会降低后续并购绩效,会影响新团队的并购能力,但是如果企业并购经验足够丰富,可能会对并购能力起到提升作用。Aktas 等(2013)认为在 CEO 连任的情况下,连续并购有助于高管积累经验,获得专长和其他在并购过程中的知识。Hayward(2002)认为并购中如果有 CEO 参加,学习效果会显著。如果 CEO 发生变化,则伴随着负面的效应的产生。

因此,假设 H2a:经验越丰富的高管团队,企业的并购能力越强。

假设 H2b:高管轮换会削弱并购能力,但是并购经验对并购能力起到调节作用。

4.2 研究设计

4.2.1 样本选择

选取国泰安(CSMAR)研究服务中心数据库中的首次公告日在1998—2010年所有深交所A股上市并购事件作为初始样本,观察的窗口期是2003—2010年,选择1998年作为起始年是因为CSMAR数据库从1998年开始有数据可以提供,选择观察窗口2003年是因为CSMAR数据库从2004年开始提供公司基本情况数据,根据研究需要对样本还做了如下的筛选:①剔除并购方为非金融业上市公司;②被并购公司可以是上市公司、非上市公司或上市公司子公司;③剔除并购方为ST(Special Treatment,特别处理)公司;④并购类型为协议收购和要约收购;⑤并购交易金额大于100万元人民币;⑥剔除并购交易不成功并购事件,并购按照是否签约分为两个阶段——签约前和签约后,签约成功仅是并购交易成功,并不一定代表并购后整合成功,并购绩效是并购签约成功后所带来的经营收益的变化;⑦同一家公司在用一年内完成多起并购,只保留公司在当年所完成的第一起并购。此外,为了排除异常值对检验结果的影响,对所有变量进行了最高和最低1%的Winsorize处理,最终样本为97家公司220起并购。这里所使用的数据包括高管学历、高管个人并购经验、高管团队并购经验、企业之前并购经验和并购企业特征数据。其中,高管学历来自CSMAR中国上市公司治理结构研究数据库;高管个人并购经验、高管团队并购经验和企业之前并购经验根据CSMAR中国上市公司并购重组数据库手工整理而成;并购企业特征数据来自CSMAR中国上市公司财务报表数据库、中国上市公司财务指标分析数据库、中国上市公司治理结构研究数据库。

4.2.2 变量描述

4.2.2.1 因变量及其定义

这里采用并购能力是基于事件的并购宣告累积超常收益率(CAR)。大多数的研究中,短期并购绩效采用的是“事件研究法”。事件研究法先利用估计期的样本,估计出事件期的正常收益率,继而从事件期的实际收益率扣除正常收益率得到超常收益率,最后检验样本平均超常收益率是否显著地区别于原假设。

选取的事件是并购首次公告,为了捕捉并购首次公告的滞后效应,事件窗口定义为并购首次公告日当天到第二天。短期并购绩效研究模型主要有两种,市场均值调整模型和市场调整模型。其中,第一种方法是根据事件日的个股回报减去当天的市场回报;第二种方法首先要估算个股的 Beta 系数,然后根据 CAMP 模型计算事件日的 CAR。这里选用第二种方法,选取并购首次公告日发生的前 30 天到后 30 天,即－30～30 天作为估计期,估计每天的超常收益率。然后选择并购首次公告日当天到第二天计算出累积超常收益率。

$$\mathrm{CAR}_{ij} = \sum_{t=0}^{1} R_{ijt} - (\alpha_{ij} + b_{ij} R_{mjt})$$

CAR_{ij} 是并购公司 i 在 j 年的累积超常收益率,R_{ijt} 是并购公司 i 在 j 年 t 天在事件窗口内的实际收益率,a_{ij} 是并购公司 i 在 j 年的市场模型的常数,b_{ij} 是并购公司 i 在 j 年的 Beta 系数,R_{mjt} 是 j 年 t 天的市场组合回报。超常收益率是预期正常收益率与实际收益率之差。

在每一起并购中 CAR 被认为是对公司某一时间具体并购的并购能力的市场评价,这种能力包含公司选择、定价目标公司和成功实施并购。这里要解释的是公司的整个并购能力而不是某一个领域的并购能力。并购是一件交易复杂的事情,尽管高管在其中起到不同的作用,但是彼此之间又是互相补充的,测量个人在某一领域的经验可以看到单个领域的学习效应,而测量整体效应,能检验高管对成功执行并购的整体能力(陈欣,陈娴和焦玲慧,2012;郭冰,吕魏和周颖,2011;Meyer－Doyle,2012)。

4.2.2.2　测试变量

1. 高管团队并购经验

高管团队并购经验(Topexp)是指高管团队中的CEO和CFO从2003年以来的并购次数之和。并购工作是准备、交易、整合等多个阶段紧密相联的整体运作过程,各个阶段不可分割开来。高管团队在并购过程中负责为并购工作提供政策、战略、决策等方面的指导,对并购方向和成败起到关键性作用。在以往的文献中,都是从企业角度来衡量并购经验。这里从高管团队和个人并购次数进行衡量。并购经验采用并购的累计数(Hayward,2002;Muehlfeld & Sahib,2012;贾昌杰,2003;韩立岩和陈庆勇,2007;郭冰等,2011;吴建祖和陈丽玲;2017)。

2. CEO认知

CEO认知(Ceoedu)是指CEO学历,中专以下1,大专2,本科3,硕士4,博士5,其他6。骆志豪和胡金星(2010)认为高管认知结构即知识结构,高管心智模式是由高管所接受的教育和经历的体验积累起来的,实证研究中用高管的教育水平来替代认知(彭雪蓉和刘洋,2015)。

3. CFO认知

CFO认知(Cfoedu)是指CFO学历,中专以下1,大专2,本科3,硕士4,博士5,其他6。同理,CFO认知也用其接受的教育水平来替代认知(彭雪蓉和刘洋,2015)。

4. CEO并购经验

CEO并购经验(Ceoexp)是指CEO自2003年以来参与的并购次数。在以往的文献中,都是从企业角度来衡量并购经验。这里从CEO个人并购次数进行衡量。

5. CFO并购经验

CFO并购经验(Cfoexp)是指CFO自2003年以来参与的并购次数。在以往的文献中,都是从企业角度来衡量并购经验。这里从CFO个人并购次数进行衡量。

仅选择CEO和CFO作为代表的另一个原因是数据的可获得性问题。在我国公司年报中披露高管职位时仅有总经理和财务总监是很明晰的，信息、运营等职位高管均以副总经理任命，不利于分辨，为了便于比较，这里只收集了CEO和CFO高管个人的学历和并购次数。这里还对CEO和CFO是否发生轮换进行统计。

4.2.2.3 控制变量

结合已有并购文献，控制并购公司的特征变量有：之前并购经验、公司性质、公司规模、公司管理能力、市账比、资产负债率、成长性、经营自由现金流量水平、独立董事比率、行业、年度等。

1. 之前并购经验

之前并购经验(Maexp)是哑变量，若2003年之前有过并购经验为1，否则为0。为了区分企业之前是否有过并购经验，对其进行控制(高良谋，2013)。

2. 公司性质

公司性质(Gove)按照公司所有权进行划分，将其分为国有企业和民营企业。之前学者研究发现国有企业和民营企业在并购决策、并购绩效上存在显著差异(方军雄，2008；潘红波和余明桂，2014；赵立彬，张秋生和杨志海，2014；唐建新和陈冬，2010；田高良，韩洁和李留闯，2013)。控制公司性质对并购行为产生影响，用哑变量表示，国企为1，民企为0。

3. 公司规模

公司规模(Size)是并购前一年年末并购公司总资产的自然对数。之前文献表明，公司特征会对并购绩效产生影响，不同规模企业并购影响力不同，规模越大，溢价并购概率越大，并购收益越低(唐建新和陈冬，2010；李青原，2011；田高良，韩洁和李留闯，2013；吕长江和韩慧博，2014)。

4. 公司管理能力

公司管理能力(q)是并购前一年年末并购公司Tobin Q。在以前的经典文献中，该指标是用来度量管理者绩效的变量(Servaes，1991)，在这里中作为公司管理能力(潘红波和余明桂，2011；田高良，韩洁和李留闯，2013)。

5. 市账比

市账比(Mb)是并购前一年年末并购公司市场价值与账面价值之比(唐建新和陈冬,2010;田高良,韩洁和李留闯,2013)。

6. 资产负债率

资产负债率(Lev)是并购前一年年末并购总负债与总资产的比值(唐建新和陈冬,2010;李青原,2011;吕长江和韩慧博,2014;杨志强等,2017)。

7. 成长性

成长性(Growth)是并购前一年年末并购公司营业收入增长率。企业成长性可能是企业并购的动机之一,把握时机的扩张会带来企业并购收益增加,但是盲目扩张导致企业并购收益下降,因此将其作为控制变量进行控制(唐建新和陈冬,2010;潘红波和余明桂,2011;李青原,2011;田高良,韩洁和李留闯,2013)。

8. 经营自由现金流量水平

经营自由现金流量水平(Cfoas)是并购前一年年末并购公司经营现金流量占总资产的比重(唐建新和陈冬,2010)。

9. 独立董事比率

独立董事比率(Indep)是并购前一年年末并购公司独立董事人数占董事会人数的比重。公司治理水平对并购绩效产生影响,好的公司治理会选择合适的并购方式和并购时机进行并购(李善民,朱滔,2006;吴超鹏,吴世农和郑方镳,2008;潘红波,夏新平和余明桂,2008;唐建新,陈冬,2010;Meyer-Doyle,2012;吕长江和韩慧博,2014;杨志强等,2017)。

10. 行业

行业(Industry)是哑变量。根据中国证监会《上市公司行业分类指引》进行划分行业,其用来控制不同行业对结果的影响。在 2003—2010 年,行业和年度均作为哑变量(唐建新和陈冬,2010;杨志强等,2017)。

11. 年度

年度(Year)是哑变量,用来控制不同年份对结果的影响。在 2003—2010 年,行业和年度均作为哑变量(唐建新和陈冬,2010;李青原,2011;杨志强等,2017)。

高管(团队)知识经验与并购能力主要变量见表 4-1。

表 4-1 高管(团队)知识经验与并购能力主要变量

A 栏:因变量		
变量名称	变量符号	变量度量
并购能力	CAR	[0,1]
B 栏:自变量		
变量名称	变量符号	变量度量
高管团队并购经验	Topexp	高管团队中的 CEO 和 CFO 从 2003 年以来的并购次数之和
CEO 知识	Ceoedu	CEO 学历,中专以下 1,大专 2,本科 3,硕士 4,博士 5,其他 6
CFO 知识	Cfoedu	CFO 学历,中专以下 1,大专 2,本科 3,硕士 4,博士 5,其他 6
CEO 并购经验	Ceoexp	CEO 自 2003 年以来参与的并购次数
CFO 并购经验	Cfoexp	CFO 自 2003 年以来参与的并购次数
高管接管	Turnover	哑变量,同一企业高管不变为 1,否则为 0
C 栏:控制变量		
变量名称	变量符号	变量度量
之前并购经验	Maexp	哑变量,若 2003 年之前有过并购经验为 1,否则为 0
公司性质	Gove	哑变量,国企为 1,民企为 0
公司规模	Size	并购前一年年末并购公司总资产的自然对数
公司管理能力	q	并购前一年年末并购公司 Tobin Q
市账比	Mb	并购前一年年末并购公司市场价值与账面价值之比
负债率	Lev	并购前一年年末并购总负债与总资产的比值
成长性	Growth	并购前一年年末并购公司营业收入增长率
经营自由现金流量水平	Cfoas	并购前一年年末并购公司经营现金流量占总资产的比重

续表

变量名称	变量符号	变量度量
独立董事比率	Indep	并购前一年年末并购公司独立董事人数占董事会人数的比重
行业	Industry	哑变量
年度	Year	哑变量

4.2.3 模型构建

为了检验假设 1,将 CEO 知识、经验对并购能力检验的回归模型设定为:

$$CAR(0,1)_{it}=\alpha+\beta_1 Ceoedu_{it}+\beta_2 Ceoexp_{it}+\beta_4 Maexp_{it}+\beta_5 Gove_{it}+\beta_6 Size_{it-1}+\beta_7 q_{it-1}+\beta_8 Mb_{it-1}+\beta_9 Lev_{it-1}+\beta_{10} Growth_{it-1}+\beta_{11} Cfoas_{it-1}+\beta_{12} Indep_{it-1}+\beta_{13} Industry_{it}+\beta_{14} Year_{it}+\varepsilon_{it} \tag{4-1}$$

$$CAR(0,1)_{it}=\alpha+\beta_1 Ceoedu_{it}+\beta_2 Ceoexp_{it}+\beta_3 Ceoexp_{it}\times Maexp_{it}+\beta_4 Maexp_{it}+\beta_5 Gove_{it}+\beta_6 Size_{it-1}+\beta_7 q_{it-1}+\beta_8 Mb_{it-1}+\beta_9 Lev_{it-1}+\beta_{10} Growth_{it-1}+\beta_{11} Cfoas_{it-1}+\beta_{12} Indep_{it-1}+\beta_{13} Industry_{it}+\beta_{14} Year_{it}+\varepsilon_{it} \tag{4-2}$$

为了检验假设 1,将 CFO 知识、经验对并购能力检验的回归模型设定为:

$$CAR(0,1)_{it}=\alpha+\beta_1 Cfoedu_{it}+\beta_2 Cfoexp_{it}+\beta_4 Maexp_{it}+\beta_5 Gove_{it}+\beta_6 Size_{it-1}+\beta_7 q_{it-1}+\beta_8 Mb_{it-1}+\beta_9 Lev_{it-1}+\beta_{10} Growth_{it-1}+\beta_{11} Cfoas_{it-1}+\beta_{12} Indep_{it-1}+\beta_{13} Industry_{it}+\beta_{14} Year_{it}+\varepsilon_{it} \tag{4-3}$$

$$CAR(0,1)_{it}=\alpha+\beta_1 Cfoedu_{it}+\beta_2 Cfoexp_{it}+\beta_3 Cfoexp_{it}\times Maexp_{it}+\beta_4 Maexp_{it}+\beta_5 Gove_{it}+\beta_6 Size_{it-1}+\beta_7 q_{it-1}+\beta_8 Mb_{it-1}+\beta_9 Lev_{it-1}+\beta_{10} Growth_{it-1}+\beta_{11} Cfoas_{it-1}+\beta_{12} Indep_{it-1}+\beta_{13} Industry_{it}+\beta_{14} Year_{it}+\varepsilon_{it} \tag{4-4}$$

为了检验假设 2a,将待检验的回归模型设定为:

$$CAR(0,1)_{it}=\alpha+\beta_1 Topexp_{it}+\beta_2 Ceoedu_{it}+\beta_3 Cfoedu_{it}+\beta_4 Gove_{it}+\beta_5 Size_{it-1}+\beta_6 q_{it-1}+\beta_7 Mb_{it-1}+\beta_8 Lev_{it-1}+\beta_9 Growth_{it-1}+\beta_{10} Cfoas_{it-1}+\beta_{11} Indep_{it-1}+\beta_{12} Industry_{it}+\beta_{13} Year_{it}+\varepsilon_{it} \tag{4-5}$$

为了检验假设 2b,这里将待检验的回归模型设定为:

$$CAR(0,1)_{it}=\alpha+\beta_1 Topexp_{it}+\beta_2 Turnover_{it}+\beta_3 Topexp_{it}\times Turnover_{it}+$$

$\beta_4 Ceoedu_{it} + \beta_5 Cfoedu_{it} + \beta_6 Maexp_{it} + \beta_7 Gove_{it} + \beta_8 Size_{it-1} + \beta_9 q_{it-1} + \beta_{10} Mb_{it-1} + \beta_{11} Lev_{it-1} + \beta_{12} Growth_{it-1} + \beta_{13} Cfoas_{it-1} + \beta_{14} Indep_{it-1} + \beta_{15} Industry_{it} + \beta_{16} Year_{it} + \varepsilon_{it}$ (4-6)

其中,CAR是被解释变量,表示企业并购能力,这里分别用并购首次宣告日及第二天的累积异常收益率表示。

在以上模型中,还对行业和时间因素进行了控制。行业和时间均用虚拟变量来表示。

4.3 实证检验结果与分析

4.3.1 样本分布

表4-2中A组给出了样本分布情况,从样本分布的年度来看,2003—2010年并购事件有:2005年4月29日,中国证监会启动上市公司股权分置改革试点工作,5月8日,证监会公示公布《上市公司股权分置改革试点业务操作指引》,5月9日,首批4家股改试点公司名单公布(三一重工、紫江企业、清华同方、金牛能源),6月20日,推出第二批42家股改试点公司,9月12日,股权分置改革全面推进。股权分置改革是为了解决非流通股流通的问题。股权分置改革前后,2004—2006年经历一个下降之后,并购逐步上升。

表4-2 高管(团队)知识经验与并购能力样本基本分析

A组:按年度分布									
年度	2003	2004	2005	2006	2007	2008	2009	2010	合计
总样本数	16	11	10	14	42	48	47	32	220

B组:按行业分布

行业	总样本数
农、林、牧、渔业(A)	10
采掘业(B)	7

续表

行业	总样本数
制造业(C)	85
其中:食品饮料(C0)	9
纺织、服装、皮毛(C1)	8
石油、化学、塑胶、塑料(C4)	20
电子(C5)	4
金属、非金属(C6)	10
机械、设备、仪表(C7)	23
医药、生物制品(C8)	11
电煤水生产(D)	9
建筑业(E)	5
交通运输、仓储业(F)	7
信息技术业(G)	3
批发和零售贸易(H)	13
房地产业(J)	31
社会服务业(K)	18
传播与文化(L)	2
综合类(M)	30
合计	220

受 2008 年金融危机的滞后影响,2009 年、2010 年与 2008 年相比,并购数量略有下降。但从整体并购数量趋势来看,2007 年以后,并购数量以 2003 年以来 3 倍的平均速度增长。

表 4-2 中 B 组给出的是样本分布的行业,我国并购行业分布广泛,涉及 18 个具体行业,220 起并购事件样本中,制造业和房地产行业并购突出,明显高于

其他行业，制造业行业中的机械、设备、仪表（C7）以及石油、化学、塑胶、塑料（C4）并购交易活跃。

4.3.2 描述性统计分析

并购企业的CAR(0,1)均值为0，方差为0.05，中位数为0；Topexp均值为3.05，方差为1.25，中位数为3；Ceoedu均值为4.37，方差为1.26，中位数为4；Ceoexp均值为1.5，方差为0.67，中位数为1；Cfoedu均值为4.16，方差为1.52，中位数为4；Cfoexp均值为1.55，方差为0.72，中位数为1；Turnover均值为0.43，方差为0.5，中位数为0；Maexp均值为0.27，方差为1.25，中位数为3；Gove均值为0.58，方差为0.5，中位数为1；Size均值为1.5，方差为0.93，中位数为21.76；q均值为1.5，方差为0.77，中位数为1.24；Mb均值为0.78，方差为0.26，中位数为0.81；Lev均值为0.55，方差为0.17，中位数为0.58；Growth均值为0.84，方差为3.15，中位数为0.12；Cfoas均值为0.04，方差为0.09，中位数为0.04；Indep均值为0.35，方差为0.07，中位数为0.33。总体来看，在并购首次公告日后一天，并购企业能力有波动，并购团队并购经验均值为3.05。从实践经验来讲，CEO参与并购比CFO要多，从专业知识角度来看，CEO与CFO均值相似（表4-3）。

表4-3 高管（团队）知识经验与并购绩效主要变量的描述性统计

变量	N	均值	方差	中位数	最小值	最大值
CAR(0,1)	220	0	0.050	0	−0.200	0.150
Topexp	220	3.050	1.250	3	2	8
Ceoedu	220	4.370	1.260	4	2	6
Ceoexp	220	1.500	0.670	1	1	4
Cfoedu	220	4.160	1.520	4	2	6
Cfoexp	220	1.550	0.720	1	1	4

续表

变量	N	均值	方差	中位数	最小值	最大值
Turnover	220	0.430	0.500	0	0	1
Maexp	220	0.270	0.440	0	0	1
Gove	220	0.580	0.500	1	0	1
Size	220	21.72	0.930	21.76	19.91	24.42
q	220	1.500	0.770	1.240	0.790	4.900
Mb	220	0.780	0.260	0.810	0.200	1.260
Lev	220	0.550	0.170	0.580	0.130	0.850
Growth	220	0.840	3.150	0.120	−0.970	24.42
Cfoas	220	0.040	0.090	0.040	−0.240	0.270
Indep	220	0.350	0.070	0.330	0.150	0.560

4.3.3 相关性分析

从表 4－4 列出的全样本各变量的 Pearson 的相关分析结果可以看出，各自变量的相关系数很小，不存在严重共线性问题。表 4－4 结果显示，Ceoedu，Cfoedu 与 CAR(0,1)在 5%的水平下正相关，由于 CAR(0,1)显著为正，双变量的相关关系初步显示，高管中的 CEO、CFO 的知识水平越高，受教育程度越高，并购能力越强。

表 4-4 高管(团队)知识经验与并购能力各自变量的 Pearson 的相关分析

变量	CAR(0,1)	Topexp	Ceoedu	Ceoexp	Cfoedu	Cfoexp	Topexp	Turnover	Maexp	Gove	Size	q	Mb	Lev	Growth	Cfoas	Indep
CAR(0,1)	1																
Topexp	0.027	1															
Ceoedu	0.136**	−0.039	1														
Ceoexp	0.045	0.885***	−0.026	1													
Cfoedu	0.179***	−0.091	0.645***	−0.095	1												
Cfoexp	0.014	0.897***	−0.041	0.593***	−0.061	1											
Topexp	0.027	1.000***	−0.039	0.885***	−0.091	0.897***	1										
Turnover	−0.047	0.154**	0.068	0.174***	0.143**	0.111	0.154**	1									
Maexp	−0.100	−0.027	0.067	−0.027	0.043	−0.017	−0.03	0.079	1								
Gove	−0.009	−0.081	0.024	−0.043	−0.011	−0.093	−0.08	−0.024	0.123*	1							
Size	−0.060	0.187***	−0.033	0.158**	−0.036	0.180***	0.187***	0.039	0.09	0.355***	1						
q	−0.020	0.004	−0.053	−0.003	−0.033	0.013	0.004	0.098	−0.08	0.028	−0.165**	1					
Mb	0.058	−0.005	−0.01	−0.037	−0.035	0.021	−0.01	−0.126*	0.06	−0.064	0.109	−0.889***	1				
Lev	−0.066	0.178***	0.047	0.153**	−0.059	0.160**	0.178***	−0.213***	0.048	0.126*	0.382***	−0.231***	0.208***	1			
Growth	−0.069	−0.043	−0.103	−0.013	−0.048	−0.063	−0.04	0.011	−0.05	−0.146**	−0.076	−0.050	0.020	0.06	1		
Cfoas	−0.063	0.053	0.027	0.04	−0.134**	0.057	0.053	0.049	0.167**	0.041	0.006	0.116*	−0.128*	0.01	−0.093	1	
Indep	0.066	0.131*	0.097	0.100	0.072	0.135**	0.131*	0.100	−0.153**	0.045	0.074	0.106	−0.114*	−0.118*	−0.030	0.073	1

注：***、** 和 * 分别表示 1%、5% 和 10% 的显著性水平，双尾检验。

4.3.4　多元回归分析

表 4－5 模型 1 和模型 2 是关于 CEO 知识与经验对并购能力的影响，其中，模型 1 考查了 CEO 知识的影响，模型 2 考查了 CEO 并购经验的影响。模型 1 结果显示，CEO 知识越多，并购能力越强，并且在 5％的水平下显著。模型 2 结果显示，CEO 知识与企业并购经验交互作用后，提高企业并购能力，并且在 1％水平下显著。

表 4－5　高管(个人)知识经验与并购能力

变量	CEO 知识与经验		CFO 知识与经验	
	模型 1	模型 2	模型 3	模型 4
Cons	－0.006	－0.014	－0.002	－0.018
	(0.12)	(0.11)	(0.12)	(0.12)
Ceoedu	0.005**	0.005**		
	(0.00)	(0.00)		
Ceoexp		0		
		(0.01)		
Maexp	－0.010	－0.038**	－0.011	－0.037*
	(0.01)	(0.02)	(0.01)	(0.02)
Ceo x exp		0.019*		
		(0.01)		
Cfoedu			0.005**	0.005**
			(0.00)	(0.00)
Cfoexp				－0.002
				(0.01)
Cfo x exp				0.017*
				(0.01)
	(0.01)	(0.02)	(0.01)	(0.02)

续表

变量	CEO 知识与经验		CFO 知识与经验	
	模型 1	模型 2	模型 3	模型 4
Gove	0.008	0.008	0.007	0.006
	(0.01)	(0.01)	(0.01)	(0.01)
Size	−0.001	0	−0.001	0
	(0.00)	(0.00)	(0.01)	(0.01)
q	0.010	0.011	0.010	0.011
	(0.01)	(0.01)	(0.01)	(0.01)
Mb	0.020	0.022	0.024	0.028
	(0.04)	(0.04)	(0.04)	(0.04)
Lev	−0.037	−0.042*	−0.030	−0.035
	(0.02)	(0.02)	(0.02)	(0.02)
Growth	−0.001	−0.001	−0.001	−0.001
	(0.00)	(0.00)	(0.00)	(0.00)
Cfoas	0.002	0.009	0.010	0.017
	(0.05)	(0.05)	(0.05)	(0.05)
Indep	0.050	0.050	0.039	0.042
	(0.05)	(0.05)	(0.06)	(0.06)
Industry	yes	yes	yes	yes
Year	yes	yes	yes	yes
N	220	220	220	220
Adj. R^2	0.038	0.045	0.044	0.047
F Value	1.722	1.792	1.756	1.692

注：***、** 和 * 分别表示 1%、5%和 10%的显著性水平，双尾检验。

模型 3 和模型 4 是关于 CFO 知识与经验对并购能力的影响，其中，模型 3 考查了 CFO 知识的影响，模型 4 考查了 CFO 并购经验的影响。模型 3 结果显示，CFO 专业知识越多，并购能力越强，并且在 5%的水平下显著。模型 4 结果显示，CFO 知识与企业并购经验交互作用后，提高企业并购能力，并且在 1%水平下显著。

这些说明，在我国目前阶段高管中，CEO、CFO 个人专业知识对企业并购能力起到非常关键的作用，CEO、CFO 个人并购经验与企业并购经验交互作用后，会强化企业并购能力。

表 4-6 提供假设 2 的结果，在对管理层团队并购经验与并购能力全样本回归分析中，在模型 3 中，管理层团队并购经验对并购能力是正的影响，但是不显著；在模型 4 中，考虑了高管团队与企业并购经验的交互作用后，管理层团队并购经验在 1%的水平下与并购能力是正相关。在模型 4 中，考虑了高管团队中成员轮换与高管并购经验交互后，提高并购能力，但是不显著。这些说明，我国目前阶段要么还没有形成标准化、程序化、操作性的显性并购经验，要么并购经验对并购能力形成价值不大，这就隐含着高管个人的并购经验对并购能力的隐性知识在并购中更重要。管理层通过任期积累的知识，如果运用得好，那么越好的运用知识会导致更好的未来公司发展决策，越多的经验越会改进未来公司发展的绩效。这样，公司的并购能力也就越高。客观上也说明，用高管个体并购经验特征来描述整体并购能力不可避免存在噪声。

表 4-6　高管团队知识经验与并购能力

变量	(1) 模型 5	(2) 模型 6
Cons	0.019	0.010
	(0.12)	(0.12)
Topexp	0.003	0.004
	(0.00)	(0.01)
Turnover		−0.012
		(0.02)

续表

变量	(1) 模型 5	(2) 模型 6
Topexp × Turnover		0.001
		(0.01)
	(0.00)	(0.00)
Cfoedu	0.003	0.004*
	(0.00)	(0.00)
Maexp		−0.013
		(0.01)
Gove	0.009	0.010
	(0.01)	(0.01)
Size	−0.003	−0.002
	(0.01)	(0.01)
q	0.010	0.009
	(0.01)	(0.01)
Mb	0.022	0.018
	(0.04)	(0.04)
Lev	−0.0380	−0.048*
	(0.02)	(0.03)
Growth	−0.001	−0.001
	(0.00)	(0.00)
Cfoas	−0.004	0.009
	(0.05)	(0.05)
Indep	0.043	0.028
	(0.06)	(0.06)
Industry	yes	yes
Year	yes	yes
N	220	220
Adj. R^2	0.030	0.034
F Value	1.740	1.632

注：***、** 和 * 分别表示 1%、5%和 10%的显著性水平，双尾检验。

4.3.5　稳健性检验

基于事件的并购宣告累积异常收益(CAR)是建立在有效市场假设之上的，选择的是并购首次公告日当天到第五天的事件窗口。这样，在每一期并购中CAR同样可以被认为是对公司某一时间具体并购的并购能力的市场评价，这种能力包含公司选择、定价目标公司和成功实施并购。这里要解释的是公司的整个并购能力而不是某一个领域的并购能力。并购是一件交易复杂的事情，尽管高管在其中起到不同的作用，但是彼此之间又是互相补充的，测量个人在某一领域的经验只能看到单个领域的学习效应，而测量整体效应，能检验高管对成功执行并购的整体能力。重新做前述回归分析，结果不变。

借鉴白重恩等(2005)的方法，根据主成分分析法得出的第一主成分定义为反映企业并购能力。从主并企业的资源、并购管理能力以及并购经验三个方面来评价企业的并购能力的具体指标，资源对并购能力的影响主要体现在企业现有资源和潜在资源对企业并购活动的支配能力上，可以从人力资源、财务资源、实物资源和无形资源四个方面来分析。并购管理能力是指并购方在综合考虑企业自身资源的基础上，整合现有资源的能力，主要用企业高层的并购决策能力和资源整合能力两个方面来评价。并购经验评价是指在实现企业并购战略的过程中，经历多起并购，并在此过程中不断改善自己的并购能力，用并购累计数来表示。

(1)人力资源。人力资源主要包括员工的知识和技术(Amit，1993；Barney，1991)。从收购战略制定到并购交易的签约，都离不开企业相关人力资本的积极支持。具体来说，在并购前，需要并购工作组成员制定并购战略计划，根据战略目标选择被并购企业；在并购过程中会出现的财产权属、财务报告或有债务等风险，还需要审慎性调查小组人员实施审慎性调查；在并购交易谈判中还需要谈判人员就交易价格、交易结构、融资来源等问题进行谈判。因此，员工的经验(experience)、判断(judgment)、智力(intelligence)、关系(relationship)以及见识(insight)都是其能力的体现。很多学者将公司并购经验看作不可模仿和不能替代的资源，并购经验会带来并购相关惯例的发展，如选择和评价目标或者后续并购整合指导的模板。由于并购已经不再是经过一次性交易就可以实现战略目标的，在企业实现其战略目标的过程中，可能要经过一系列的并购才能完成，因此，在多起并购的实践中企业的并购能力得到不断的改善和发展。

Schijven & Rarkema(2007)根据认知心理学的转移效益理论提出并验证了并购能力发展两阶段模型。首先是训练阶段，在这个阶段，企业应该专注于自身核心业务范围内类型单一的并购活动，探索并购活动的规律，总结成功的经验和失败的教训，以培育专用性并购技能。其次是一般化推广阶段，在这一阶段，企业通过检验和修正在培训阶段积累的并购经验，最终把前一阶段培训起来的并购能力拓展为适用性更广的并购能力(通用技能)。

(2)财务资源。并购是一项涉及金额巨大的投资活动，并购企业必须具有一定的资金。在并购企业向被并购企业支付对价时，需要有充足的资金支持，并且这个部分是并购资金中最大的一块。在并购过程中，还会涉及一些专业机构的佣金和手续费，如支付给会计师事务所、律师事务所、评估机构以及投资银行等的费用，通常该费用按照并购支付对价的一定比例计算。如果涉及并购企业双方员工安置性问题，还要对员工进行赔偿。通常情况下，并购中对个人以现金支付为主，对企业除以现金方式支付以外，实际中也可以根据情况采用股票等多种支付手段。因此，并购活动需要一定的财务资源的支持。Teece(1981)认为企业的可利用资源中的财务资源包括内部资金和外部资金两种，内部资金丰富，更倾向于无关多元化，可通过并购立刻获得目标方公司的实物资产和知识性资产。

(3)实物资源。实物资源包括企业使用的实体技术(physical technology)、厂房和设备(plant & equipment)、地理位置(geographic location)以及原材料的获得(access to raw materials)。实物资源是企业进行并购活动需要的日常活动场所和基本工具。Teece(1981)认为企业的可利用资源中的实物资源主要是企业的厂房和机器设备，这些资源仅能向相关行业扩张。

(4)无形资源。无形资源一般是指企业的无形资产，Teece(1981)认为企业的可利用资源中的无形资源主要是指知识技能和市场等方面的资源，这些资源比较适合不相关行业的扩张。

(5)并购决策能力。董事长是公司的决策机构负责人,总经理是公司的执行机构负责人,他们拥有公司计划、组织、领导、控制的整个闭环过程的决策权和执行权;财务总监为公司董事会战略决策提供决策信息,为公司日常管理提供管理信息(徐经长,王胜海,2010)。公司董事会特征也会影响并购战略的采用(Peng & Fang,2011)。外部董事充分的控制和监督 CEO 功能很重要,有利于股东。因为外部董事不能参议决策过程,他们不能收集足够的信息去评价公司的战略计划,因此通过财务绩效评价管理者。以结果为导向的监督机制会阻止管理者做出长期的战略计划,如研发项目,并购建议书。

(6)并购资源的整合能力。并购企业对财务资源的组织管理能力集中表现在盈利能力、现金流创造能力和融资能力三个方面。盈利能力分析重点评价企业的盈利能力以及经营现金流量情况;现金流创造能力是分析企业自己能够创造经营活动现金大小的能力。企业经营活动所创造的现金流量占企业现金流量总数比例越大,表明企业的财务基础越好,企业自身创造现金的能力越强;融资能力分析则针对整体财务资源的使用情况评价并购战略的最大支付能力。

(7)并购经验。在并购能力构建中,经验异质性和经验同质性在不同的学习阶段,对并购能力的发展所起到的作用也有差异,具体来说,经验同质性使得潜在的因果关系容易识别,但是仅能提高狭义的能力。相反,经验异质性导致更广义上能力的运用,但是会有引起高度因果模糊所带来的成本。因此,经验同质性和经验异质性具有互补作用(Schijven & Rarkema,2007)。从过去成功和失败的并购经验中总结,企业可以学会:①选择更好的未来目标;②提高未来并购的整合过程。从很多背景并购经验(如行业和地理/文化区域)对企业经常有问题在早起阶段的能力构建(Barkwma & Schijven,2008)。并购经验主要从企业并购次数来衡量。

综上,并购能力要素是资源和各种能力的组合,对并购能力的理解从资源观、能力观发展到知识观,最后讨论焦点落在对于并购能力要素构成中并购管理能力以及最近的并购实施能力的理解上。采用主成分分析方法,对所有变量进行了标准化系数处理。结果发现,并购能力大小与并购经验有显著性关系,因此,研究结果与前面一致。

4.4 小结

这一部分旨在分析高管个人、高管团队知识与经验对并购能力的影响，以探究连续并购企业高管个人、高管团队知识与经验是否对并购能力带来影响。选择国泰安(CSMAR)研究服务中心数据库中的首次公告日在2003—2010年所有深交所A股上市并购事件作为初始样本，检验管理者经验与并购能力关系。研究结果发现，管理者团队经验与并购能力存在正相关关系，但不显著。这表明，在我国，管理者团队的学习效应尚待开发与完善。进一步的研究结果还发现，管理团队中的CEO、CFO个人知识与经验对并购能力有显著影响。这表明，从租金角度考虑，管理团队中的CEO、CFO个人知识与经验这些隐性知识在发挥着重要作用，但是出于理性人的考虑，短期内这些知识与经验不能在并购企业中传播。

这一部分检验还说明，并购经验的积累源于学习以及学习所产生的学习效应。学习效应指通过学习，日后处理同质事件时会有更好的表现。

由于这一部分证明高管知识经验能够形成企业并购能力，在后面两章的实证研究中，将进一步检验并购能力所产生的经济后果，首先是并购能力与并购绩效的关系，其次是并购能力发展对并购成功率，即并购效率的影响。另外，由于已经用并购经验证明了并购能力的存在性，说明在我国并购能力的学术研究中可以用并购经验替代并购能力，在后两章的实证研究中将直接用并购经验作为并购能力的替代变量使用。

研究不足之处，第一，暂未考虑董事并购经验。最近有研究表明，高管的并购经验具有市场价值，如Harford & Schonlau (2013)发现拥有并购经验的董事在未来市场上可以获得更高的职位。公司会愿意招聘有并购经验的董事，而不管其过去并购质量的好坏(Field & Mkrtchyan,2017)。第二，尚未考虑并购经验学习时间长短。学者研究表明，并购经验间隔时间长短对学习效果会产生影响。人们吸收和学习经验需要经历一短时间，认为连续并购之间的时间间隔太短，不利于构建并购经验，而相邻连续并购之间时间间隔太长产生记忆损益，也不利于学习(Hayward,2002；王宛秋和刘璐琳 2015；张淦，葛扬和赵永清，

2017)。因此,在未来的研究中可以将并购经验划分为短期并购经验(为本次并购前一年发生的并购事件总数)和长期并购经验(距本次并购两年以上的并购事件的总数)。

第 5 章　连续并购、并购经验与并购绩效关系的实证研究

并购是企业通过外部扩张迅速发展的一种重要方式，管理者在并购中不断获得并购经验，通过消化和吸收并购中获得的并购知识，增强并购能力，改善并购绩效。但是，在连续并购中，管理者的学习时间不够充分，严重损害企业绩效。面对这一问题，并购企业之前的并购经验可能会起到对并购绩效的调节作用。

这里分析我国连续并购、并购经验与并购绩效之间的关系。具体来说，第一，连续并购是否会损害绩效？第二，之前的并购经验是否会改善并购绩效？以我国首次公告日在 2003—2010 年所有 A 股上市并购事件作为初始样本，检验连续并购企业是否会损害并购绩效以及其之前并购经验的学习效应。从理论上来说，一个重要的原因可以解释为什么之前的并购经验会改进并购绩效，即“干中学”。换句话说，具有较强学习能力的企业会连续并购，通过连续并购不断获取并购经验和并购知识，并将这些技能转化为并购能力。

实证研究结果发现，连续并购企业会损害并购绩效。这表明，在我国，连续并购由于前后两次并购时间间隔短，管理者对并购中获取的并购经验学习不充分，会给当前并购带来较差的并购绩效。进一步的研究结果还发现，之前的并购经验会使并购绩效发生反转。这表明，并购企业之前的并购经验会对并购绩效起到积极的调节作用，即并购经验的学习效应发挥了积极作用。

研究在以下两个方面拓展和深化了相关文献。

(1)拓展和深化了连续并购下的并购绩效研究。以前的研究集中在一次性并购与并购绩效之间关系的研究上，对连续并购研究不够。连续并购是相对于

一次性并购而言，在一段时间内进行的多起并购。但是关于连续并购对并购绩效的影响的实证结果不一致，连续并购会给企业带来价值，从以前的行为中获得并购能力，包括识别目标企业的能力、交易谈判的能力和并购整合能力（Finkelstein & Haleblian，2002；Hayward，2002；Vermeulen & Barkema，2002）。Bradley & Sundaram(2004)发现连续并购可以改进并购绩效，而Ismail(2006)认为一次性并购比连续并购的绩效要好。这里认为连续并购是影响并购绩效的重要因素，两次并购之间的时间间隔需要足够长，从而保证对本次并购的吸收，与以前研究的不同也在于是连续并购对基于会计基础的并购业绩，而不是基于股票市场的CAR。

(2)拓展和深化了并购背景下的组织学习研究。以前的研究大量集中在交易特征上，如支付模式、交易规模、行业效应以及并购后整合的困难，尽管这些都是影响并购是否成功的关键因素，但是这些研究不能帮助我们去理解公司从事连续并购背后的理论是什么。公司从连续并购中获得并购经验，以更好地进行下一次并购，更好的并购绩效源于在并购中积累了知识，发展了并购能力。具体来说，在重复的并购中，学习效应可以持续的精细化并购技能和当前的过程，从而带来持续的绩效和竞争优势。另外，并购经验有成功和失败的经验，不但成功的并购经验会对连续并购绩效产生积极性作用，失败的并购也会通过学习效应改进并购能力，进而提高并购绩效，而不是直接带来负面价值(Finkelstein & Haleblian,2002;Haleblian & Finkelstein,1999)。

5.1 理论分析与研究假说

5.1.1 连续并购和并购绩效

连续并购是在一段时间内进行的多起并购。国内外学术界很早就有学者关注到连续并购的现象，Amburgey & Miner(1992)提到“重复势”(Repetitive Momentum)，即惯性。当组织重复之前的行为的时候，会产生这种惯性。由于重复某一种类型的并购过程中发展了能力，在同样的并购类型中这些能力得到锤炼，增加了再次收购同种并购类型的可能性。我国学者靳云汇和贾昌杰

(2003)也有类似的观点,企业会趋于重复以前实施过的并购类型源于管理者知识结构决定管理者的注意力在当前环境下集中在这种类型的战略,在这个过程中学习知识、积累经验。同时认为并购活动中的惯性是一把双刃剑,有利有弊。

在实务界中,连续并购成为一种常态。例如华新水泥股份有限公司(简称华新水泥)是一家集水泥、混凝土、骨料、环保处置、装备制造及 EPC 工程、高新建材等业务的全球化建材集团。对华新水泥自 2010—2016 年并购事件进行整理发现,7 年间华新水泥通过股权收购,并购湖北京兰集团三源水泥、湖北房县钻石水泥、湖北金龙水泥、华新水泥宜昌公司、华新水泥阳新公司、江西江程新材料有限公司、万源市大巴山水泥有限责任公司、湖北华祥水泥有限公司、湖北华祥水泥鄂州有限公司、实德金鹰水泥(香港)有限公司、拉法基中国水泥有限公司等 14 家公司。

基于前述原因,这里希望在连续并购中,并购者通过构建和利用并购能力的过程来影响并购绩效(Finkelstein & Haleblian,2002;Hayward,2002;Vermeulen & Barkema,2002)。并购能力是公司在实施并购中可供借鉴的知识、技能、系统、结构和流程。并购能力包括组织技能,如识别适合的并购目标的能力、谈判能力和管理整合过程的能力(Haspeslagh & Jemison,1991)。并购能力首先发生在并购计划水平,整合能力和编撰积累的并购知识的能力,需要多次并购才能得出正确的推论(Haleblian & Finkelstein,1999)。执行并购需要很多努力去发展体系、结果和过程,不是简单地做好一次性并购。但是构建并购能力需要足够的时间从个人经验中感觉和学习(Zollo & Winter,2002)。对于较少并购的企业两次并购时间间隔太长,参加并购过程的人员解散,也不能从较早的经验中获得收益,而较为活跃的并购者也会因为并购时间间隔太短,带来时间压缩不经济,这些都不利于并购者推论和并购能力的积累(Dierickx & Cool,1989;Hayward,2002;Vermeulen & Barkema,2002)。

每起并购对不同管理层都有时间的要求,突然的并购高峰会扭曲企业的能力的限制(Kusewitt,1985;Shaver,2006)。Hayward(2002)非常强调并购的时间间隔,认为太密集或者太疏远都会影响管理者学习。当并购时间间隔合理,管理者必然会优先考虑和决定多少精力投入运行现有的业务和同时管理多少整合过程，而当并购时间间隔太小，管理者必然会经历时间压缩，在一些情况下会妥协他们的分析质量。因此，连续并购后的绩效会更差(Fuller, Netter & Stegemoller, 2002; Billett & Qian, 2005; Aktas, deBodt & Rol, 2006; Doukas & Petmezas, 2006)。

Aktas等(2009)通过构建一个模型来解释连续并购中并购绩效下降来自CEO的学习。假设CEO收到股市上投资者的反馈，CEO会利用这个市场信号来修正其自身对于潜在目标企业的协同效益的信念。如果之前的并购是正的市场反应，CEO则会在以后的并购中增加投标激进度，反之，CEO会降低投标的激进度。说明CEO在并购中存在学习，根据市场反应动态调整投标行为。Aktas等(2011)又用实证证明了CEO在并购交易中的经验会影响学习过程，无论是理性还是傲慢的CEO都能从市场中学习。研究中选用两次并购时间间隔不超过12个月。当时间间隔超过12个月之后，管理者学习效果比较弱。

并购率和并购率的变化从另一个侧面反映出并购中的时间间隔。Lammanen & Keil(2008)认为高的并购率和并购率的变化都与并购绩效负相关。原因是并购能力的构建和发展需要充足时间从经验中去厘清并学习。太高的并购率，由于时间压力，并购者不能在较短的时间内得出有效推论，促进并购能力的发展。

假设H1：连续并购不利于管理者学习，会产生负的并购绩效。

5.1.2 企业以前的并购经验和并购绩效

不仅并购相对时间选择与并购绩效有关，而且一些企业的并购绩效比另外一些企业并购绩效要好，是源于它们在并购中积累了并购经验，提高了并购能力。20世纪80年代早期就有人研究了并购经验和绩效的关系。但是最初的发现有矛盾。Lubatkin(1983)，Ravenscraft & Scherer(1987)发现并购经验与绩效没有关系。相反，Kusewitt(1985)发现并购经验与绩效负相关，Meschi & Metais(2013)发现之前并购经验与并购绩效负相关，来自“遗忘”。旧的经验或者称为打折的经验的影响力小，反过来说明新的并购经验更有价值。而Fowler & Schmidt(1989)发现之前并购经验与并购绩效正相关。

还有研究通过更详细的分析经验效应解释这些结果(Haleblian & Finkelstein,1999;Hayward,2002;Zollo & Singh,2004)。经验学习研究显示,需要通过几次并购才可以获得对后续并购的有利学习效应。Haleblian & Finkelstein(1999)认为在最初的并购中,通过试错来构建并购经验,只有当企业构建起足够的并购经验时才能识别并购之间的潜在差异性,只有足够的经验才能做出适当的推断,改进并购绩效。一些学者提出在连续并购中,并购者形成一套自己的学习曲线:开始从事一些小的、低风险的交易,在这些交易中构建自己的并购能力。然后将这些流程制度化,并创建一个反馈循环,从错误中学习。

通过发展并购程序和并购能力,活跃的并购者在消化更多并购经验的同时会降低连续并购带来的负面影响。并购能力减少了每次并购吸收的时间,并将并购相关的活动转化成企业的日常工作,从而减少从每起并购开始识别的程序化问题。当公司在短期内执行多起并购,并购能力成为增加效率也是绩效重要的决定因素。

此外,有学者认为并购经验能够提升并购者的自信,更可能去进行完全收购。Elango 等 (2013)认为增量的并购能够帮助企业在管理并购过程中发展能力。因此企业通过并购获得更多知识,发展常规,有更多自信去执行和管理并购过程。Cuypers 等(2017)认为并购经验能够改变议价能力和谈判能力,在并购过程有助于有并购经验的一方捕获并购价值。总之,由于有之前大量的并购经验,能够更好地在并购准备阶段选择目标企业,并购整合阶段整合企业,通过积累的并购经验,提高并购专业能力,并购更可能成功。Basuil & Datta(2015)认为之前同行业并购经验和同区域并购经验与并购绩效正相关。Nadolska & Barkema(2014)认为多元化的团队更有可能分享其过去的并购经验,对过去经验有更深刻的讨论,从团队外部得到更多信息去解决争议。因此,企业在决策过程花更多时间将并购中的洞见、技巧和常规转移到下一个并购中去,发展并购能力。因此,过去的并购经验与并购成功正相关。

因此,假设 H2:企业之前的并购经验对并购绩效起到调解作用。

5.2 研究设计

5.2.1 样本选择

选取国泰安(CSMAR)研究服务中心数据库中的首次公告日在2003—2010年所有深交所A股上市并购事件作为初始样本,并根据需要按以下标准筛选样本:①剔除并购方为非金融业上市公司;②被并购公司既可以是上市公司,也可以是非上市公司或上市公司子公司;③剔除并购方为ST公司;④并购类型为协议收购和要约收购;⑤并购交易金额大于100万元人民币;⑥剔除并购不成功并购事件;⑦同一家公司在一年内完成多起并购,只保留公司在当年所完成的第一起并购。此外,为了排除异常值对检验结果的影响,这里对所有变量进行了最高和最低1%的Winsorize处理,最终样本为225家公司527起并购。这里所使用的数据包括并购企业并购经验、核心并购期并购次序和并购企业特征数据。其中,并购企业并购经验和核心并购期并购次序根据CSMAR中国上市公司并购重组数据库,手工整理而成;并购企业特征数据来自CSMAR中国上市公司财务报表数据库、中国上市公司财务指标分析数据库、中国上市公司治理结构研究数据库。

5.2.2 变量描述

5.2.2.1 因变量

采用基于会计的并购绩效测量,研究中一般用基于会计测量的并购绩效来评价并购成功。这些研究背后的基本原理是公司战略目标为获取满意的资本回报。用会计标准基于从并购中获得协同的假设,最好的会计测量就是比如ROA(Hitt等,1998)。

会计学者使用会计标准评价公司并购绩效。在并购文献中,资产回报率(ROA)是广泛使用的指标(Haleblian & Finkelstein,1999;Hitt等,1998;Kusewitt,1985;Ramaswamy,1997;Zollo & Singh,2004)。Meeks & Meeks

(1981)比较了三个会计绩效指标,分别是销售利润率、权益回报率(ROE)和资产回报率(ROA)。他们总结出ROA是并购绩效中最适合的指标,相比较两外两个指标,ROA不会因为并购中的杠杆或者谈判力导致高估或者低估的偏见。很多现存的研究(Ramaswamy,1997;Zollo & Singh,2004)建议将是事后与事前的并购回报比较。这种基本方法的背后是这种研究是比较合并后与并购前目标和要约公司权重的回报(Ramaswamy,1997;Sudarsanam,2003)。可以选择并购头2年和并购整合完成的2年作为研究的时间范围。

这里用并购前后资产收益率的变化值(ΔROA)和并购前后的经营业绩的变化值(ΔOP)来表示。采用并购完成之后一年的ROA与并购前一年的ROA来度量并购事件对经营业绩的影响,同样采用并购前后一年的OP的变化来度量并购事件对经营业绩的影响,其中OP是用财务数据中的营业利润除以总资产(Conn,2004;吴超鹏,吴世农,郑方镳,2008)。

5.2.2.2 测试变量

以连续并购次序和之前的并购经验作为测试变量,其中,并购次序是并购公司连续并购的次数,这里观察的核心并购期间2003—2011年发生连续并购,因此在这个期间连续并购按照顺序依次记为1,2,……。对样本的要求是2003—2010年至少发生2起以上的并购(吴超鹏,吴世农,郑方镳,2008)。

之前的并购经验为哑变量,这里以自1998年以来并购企业是否有过并购经验来表示(Haleblian & Finkelstein,1999;Hayward,2002;Schijven & Barkema,2007)。

5.2.2.3 控制变量

结合已有并购文献,控制并购公司的特征变量有以下方面:公司性质、公司管理能力、公司规模、资产负债率、成长性、经营现金流量除以总资产、独立董事比率等。具体见表5-1。

1. 之前并购经验

之前并购经验(Maexp)是哑变量,若2003年之前有过并购经验为1,否则为 0。企业之前是否有过并购经验，为了区分，对其进行控制（高良谋，2013）。

2. 公司性质

公司性质（Gove）是按照公司所有权进行划分，将其分为国有企业和民营企业。之前学者研究发现国有企业和民营企业在并购决策、并购绩效方面存在显著差异（方军雄，2008；潘红波和余明桂，2014；赵立彬，张秋生和杨志海，2014；唐建新和陈冬，2010；田高良，韩洁和李留闯，2013）。控制公司性质对并购行为产生影响，用哑变量表示，国企为 1，民企有为 0。

3. 公司规模

公司规模（Size）是并购前一年年末并购公司总资产的自然对数。之前文献表明，公司特征会对并购绩效产生影响，不同规模企业并购影响力不同，规模越大，溢价并购概率越大，并购收益越低（唐建新和陈冬，2010；李青原，2011；田高良，韩洁和李留闯，2013；吕长江和韩慧博，2014；）。

4. 公司管理能力

公司管理能力（q）是并购前一年年末并购公司 Tobin Q。在以前的经典文献中用来度量管理者绩效的变量（Servaes，1991），这里作为公司管理能力（潘红波和余明桂，2011；田高良，韩洁和李留闯，2013）。

5. 市账比

市账比（Mb）是并购前一年年末并购总负债与总资产的比值。（唐建新和陈冬，2010；田高良，韩洁和李留闯，2013）。

6. 资产负债率

资产负债率（Lev）是并购前一年年末并购总负债与总资产的比值。（唐建新和陈冬，2010；李青原，2011；吕长江和韩慧博，2014；杨志强等，2017）。

7. 成长性

成长性（Growth）是并购前一年年末并购公司营业收入增长率。企业成长性可能是企业并购的动机之一，把握时机的扩张会带来企业并购收益增加，但是盲目扩张导致企业并购收益下降，因此将其作为控制变量进行控制（唐建新和陈冬，2010；潘红波和余明桂，2011；李青原，2011；田高良，韩洁和李留闯，2013）。

8. 经营自由现金流量水平

经营自由现金流量水平(Cfoas)是并购前一年年末并购公司经营现金流量占总资产的比重(唐建新和陈冬,2010)。

9. 独立董事比率

独立董事比率(Indep)是并购前一年年末并购公司独立董事人数占董事会人数的比重。公司治理水平对并购绩效产生影响,好的公司治理会选择合适的并购方式和并购时机进行并购。(李善民,朱滔,2006;吴超鹏,吴世农,郑方镳,2008;潘红波,夏新平,余明桂,2008;唐建新,陈冬,2010;Meyer－Doyle,2012;吕长江和韩慧博,2014;杨志强等,2017)。

10. 行业

行业(Industry)是哑变量。根据中国证监会《上市公司行业分类指引》进行划分行业,用来控制不同行业对结果的影响。从 2003—2010 年,行业和年度均作为哑变量(唐建新和陈冬,2010;杨志强等,2017)。

11. 年度

年度(Year)是哑变量,用来控制不同年份对结果的影响。从 2003—2010 年,行业和年度均作为哑变量(唐建新和陈冬,2010;李青原,2011;杨志强等,2017)。

表 5-1 连续并购、并购经验与并购绩效变量定义

A 栏:因变量		
变量名称	变量符号	变量度量
并购绩效变化	ΔROA	并购完成后一年与并购前一年的 ROA 之差
	ΔOP	并购完成后一年与并购前一年的 OP 之差
B 栏:自变量		
变量名称	变量符号	变量度量
并购次序	Madur	同一公司进行连续两起并购之间的次数
之前并购经验	Maexp	哑变量,若 2003 年之前是否有过并购经验为 1,否则为 0

C栏:控制变量		
变量名称	变量符号	变量度量
并购能力	Maabl	自 1998 年以来的并购次数
公司性质	Gove	哑变量,国企为 1,民企有为 0
公司规模	Size	并购前一年年末并购公司总资产的自然对数
公司管理能力	q	并购前一年年末并购公司 Tobin Q
负债率	Lev	并购前一年年末并购总负债与总资产的比值
成长性	Growth	并购前一年年末并购公司营业收入增长率
经营自由现金流量水平	Cfoas	并购前一年年末并购公司经营现金流量占总资产的比重
独立董事人数	Indep	并购前一年年末并购公司独立董事人数占董事会人数的比重
行业控制	Industry	哑变量
年度控制	Year	哑变量

5.2.3　模型构建

为了检验假设 H1,在以上模型中,还对行业和时间因素进行了控制。行业和时间均用虚拟变量来表示,待检验的回归模型设定为

$$\Delta \mathrm{ROA}_{it}=\alpha+\beta_1 \mathrm{Madur}_{it}+\beta_2 \mathrm{Maabl}_{it}+\beta_3 \mathrm{Gove}_{it}+\beta_4 \mathrm{Size}_{it-1}+\beta_5 q_{it-1}+\beta_6 \mathrm{Lev}_{it-1}+\beta_7 \mathrm{Growth}_{it-1}+\beta_8 \mathrm{Cfoas}_{it-1}+\beta_9 \mathrm{Indep}_{it-1}+\beta_{10} \mathrm{Industry}_{it}+\beta_{11} \mathrm{Year}_{it}+\varepsilon_{it} \quad (5-1)$$

为了检验假设 H2,运用模型 5－2 进行多元回归。

$$\Delta \mathrm{ROA}_{it}=\alpha+\beta_1 \mathrm{Madur}_{it}+\beta_2 \mathrm{Maexp}_{it}++\beta_3 \mathrm{Maexp}_{it}\times \mathrm{Madur}_{it}+\beta_4 \mathrm{Maabl}_{it}+\beta_5 \mathrm{Gove}_{it}+\beta_6 \mathrm{Size}_{it-1}+\beta_7 q_{it-1}+\beta_8 \mathrm{Lev}_{it-1}+\beta_9 \mathrm{Gowth}_{it-1}+\beta_{10} \mathrm{Cfoas}_{it-1}+\beta_{11} \mathrm{Indep}_{it-1}+\beta_{12} \mathrm{Industry}_{it}+\beta_{13} \mathrm{Year}_{it}+\varepsilon_{it} \quad (5-2)$$

5.3 实证检验结果与分析

5.3.1 样本分布

表 5-2 中 A 组给出了样本分布情况，从样本分布的年度来看，2003—2010 年并购事件，期间在 2005 年 4 月 29 日，中国证监会启动上市公司股权分置改革试点工作，5 月 8 日，证监会公司公布《上市公司股权分置改革试点业务操作指引》，5 月 9 日，首批 4 家股改试点公司名单公布（三一重工、紫江企业、清华同方、金牛能源），6 月 20 日，推出第二批 42 家股改试点公司，9 月 12 日，股权分置改革全面推进。股权分置改革是解决非流通股流通的问题。股权分置改革前后，2004—2006 年经历下降之后，并购逐步上升。

受 2008 年金融危机的滞后影响，2009 年、2010 年与 2008 年相比，并购数量略有下降。但从整体并购数量趋势来看，2007 年以后，并购数量是以 2003 年以来平均 2 倍的速度增长。

表 5-2 中 B 组给出的是样本分布的行业，我国并购行业分布广泛，涉及 20 个具体行业，527 个并购事件样本中，制造业（C）、综合类（M）和房地产业（J）并购突出，明显高于其他行业，制造业行业中的机械、设备、仪表（C7）以及石油、化学、塑胶、塑料（C4）并购交易活跃。

表 5-2 中 C 组给出的是连续并购的次数，连续并购是企业在一段时间内进行的多起并购，考虑财务数据的获得性，删除并购时间间隔短于 6 个月的并购交易后，表 5-2 中 C 组反映出我国企业并购次数分布，有过两次并购经验的企业最多，获得一次并购经验的企业第二，获得三次并购经验的企业第三，超过三次的企业数量在下降。这说明我国企业至少有 2 次以上的并购经验。具体见表 5-2。

表 5-2　连续并购、并购经验与并购绩效样本基本分析

A 组：按年度分布

年度	2003	2004	2005	2006	2007	2008	2009	2010	合计
总样本数	56	45	27	42	99	91	86	81	527

B 组：按行业分布

行业	总样本数
农、林、牧、渔业(A)	13
采掘业(B)	13
制造业(C)	215
其中：食品饮料(C0)	17
纺织、服装、皮毛(C1)	16
造纸、印刷(C3)	2
石油、化学、塑胶、塑料(C4)	44
电子(C5)	8
金属、非金属(C6)	32
机械、设备、仪表(C7)	57
医药、生物制品(C8)	30
其他制造业(C9)	9
电煤水生产(D)	33
建筑业(E)	14
交通运输、仓储业(F)	24
信息技术业(G)	18
批发和零售贸易(H)	49
房地产业(J)	53
社会服务业(K)	27
传播与文化(L)	2
综合类(M)	66
合计	527

C 组：连续并购次数

连续并购次数	1	2	3	4	5	合计
并购事件	157	205	110	40	15	527

5.3.2 描述性统计分析

按照并购企业次数，连续并购 1 次企业 ΔROA 和 ΔOP 均值为 0，中位数为 0，Maexp 均值为 0，中位数为 0，Maabl 均值为 1.17，中位数为 1，Size 均值为 21.34，中位数为 21.20，q 均值为 1.38，中位数为 1.2，Growth 均值为 1.07，中位数为 0.12；连续并购 2 次企业 ΔROA 和 ΔOP 均值为－0.01，中位数为 0，Maexp 均值为 0.22，中位数为 0，Maabl 均值为 2.32，中位数为 2，Size 均值为 21.77，中位数为 21.61，q 均值为 1.54，中位数为 1.25，Growth 均值为 0.75，中位数为 0.11，Cfoas 均值为 0.05，中位数为 0.05；连续并购 3 次企业 ΔROA 和 ΔOP 均值为 0，中位数为 0，Maexp 均值为 0.53，中位数为 1，Maabl 均值为 3.54，中位数为 3，Size 均值为 21.99，中位数为 21.97，q 均值为 1.63，中位数为 1.31，Growth 均值为 0.89，中位数为 0.2；连续并购 4 次企业 ΔROA 和 ΔOP 均值为－0.01，中位数为－0.01，Maexp 均值为 0.72，中位数为 1，Maabl 均值为 4.85，中位数为 5，Size 均值为 22，中位数为 21.93，q 均值为 1.41，中位数为 1.36，Growth 均值为 1.13，中位数为 0.13，Cfoas 均值为 0.09，中位数为 0.09；连续并购 5 次企业 ΔROA 均值为－0.01，中位数为－0.01，ΔOP 均值为－0.01，中位数为－0.02，Maexp 均值为 0.93，中位数为 1，Maabl 均值为 6.07，中位数为 6，Gove 均值为 0.73，中位数为 1，Size 均值为 22.41，中位数为 21.55，q 均值为 1.25，中位数为 1.22，Growth 均值为 0.81，中位数为 0.07。总体来看，连续并购低于 2 次的企业之前没有并购经验，并购能力较低，而连续并购大于 2 次的企业之前有并购经验，并购能力较高，连续并购 1 次和连续并购 4 次的企业成长性较高，连续并购 3 次的企业管理能力较高，并购次数越多的企业，规模越大（表 5－3）。

表 5-3　不同并购次数企业描述性统计分析

变量	连续并购 1 次			连续并购 2 次			连续并购 3 次			连续并购 4 次			连续并购 5 次		
	N	均值	中位数	N	均值	中位数	N	均值	中位数	N	均值	中位数	N	均值	中位数
ΔROA	157	0	0	205	−0.010	0	110	0	0	40	−0.010	−0.010	15	−0.010	−0.010
Δop	157	0	0	205	−0.010	0	110	0	0	40	−0.010	−0.010	15	−0.010	−0.020
Madur	157	1	1	205	2	2	110	3	3	40	4	4	15	5	5
Maexp	157	0	0	205	0.220	0	110	0.530	1	40	0.720	1	15	0.930	1
Maabl	157	1.170	1	205	2.320	2	110	3.540	3	40	4.850	5	15	6.070	6
Gove	157	0.610	1	205	0.640	1	110	0.640	1	40	0.530	1	15	0.730	1
Size	157	21.34	21.20	205	21.77	21.61	110	21.99	21.97	40	22	21.93	15	22.41	22.55
q	157	1.380	1.200	205	1.540	1.250	110	1.630	1.310	40	1.410	1.360	15	1.250	1.220
Lev	157	0.500	0.510	205	0.540	0.560	110	0.570	0.570	40	0.610	0.620	15	0.610	0.610
Growth	157	1.070	0.120	205	0.750	0.110	110	0.890	0.200	40	1.130	0.130	15	0.810	0.070
Cfoas	157	0.040	0.050	205	0.050	0.050	110	0.050	0.050	40	0.090	0.090	15	0.050	0.050
Indep	157	0.340	0.330	205	0.350	0.330	110	0.350	0.330	40	0.350	0.330	15	0.350	0.330

按照之前是否存在并购经验，有并购经验企业 ΔROA 和 ΔOP 均值为 −0.01，中位数为 0，Madur 均值为 3.07，中位数为 3，Maabl 均值为 3.61，中位数位 3，Gove 均值为 0.69，中位数为 1，Size 均值为 21.98，中位数为 21.85，q 均值为 1.4，中位数为 1.22，Lev 均值为 0.56，中位数为 0.57，Growth 均值为 0.89，中位数为 0.14，Cfoas 均值为 0.06，中位数为 0.06，Indep 均值为 0.33，中位数为 0.33；没有并购经验企业 ΔROA 均值为 −0.01，中位数为 0，ΔOP 均值为 0，中位数为 0；Madur 均值为 1.79，中位数为 2，Maabl 均值为 2.12，中位数为 2，Gove 均值为 0.6，中位数为 1，Size 均值为 21.62，中位数为 21.50，q 均值为 1.53，中位数为 1.24，Lev 均值为 0.53，中位数为 0.55，Growth 均值为 0.91，中位数为 0.12，Cfoas 均值为 0.05，中位数为 0.05，Indep 均值为 0.35，中位数为 0.33。总体上看，我国在 1998—2002 年有并购经验的企业比没有并购经验的企业少，2003—2010 年，有并购经验企业并购次数比没有并购经验企业要多，有并购经验企业并购能力明显强于没有并购经验的企业，有并购经验的国有企业多于没有并购经验的国有企业，有并购经验的企业成长快于没有并购经验的企业。具体见表 5－4。

表 5－4　有并购经验与没有并购经验的描述性统计分析

变量	全样本			有并购经验			没有并购经验		
	N	均值	中位数	*N*	均值	中位数	*N*	均值	中位数
ΔROA	527	−0.010	0	147	−0.010	0	380	−0.010	0
Δop	527	−0.010	0	147	−0.010	0	380	0	0
Madur	527	2.150	2	147	3.070	3	380	1.790	2
Maexp	527	0.280	0	147	1	1	380	0	0
Maabl	527	2.530	2	147	3.610	3	380	2.120	2

续表

变量	全样本			有并购经验			没有并购经验		
	N	均值	中位数	*N*	均值	中位数	*N*	均值	中位数
Gove	527	0.630	1	147	0.690	1	380	0.600	1
Size	527	21.72	21.62	147	21.98	21.85	380	21.62	21.50
q	527	1.490	1.240	147	1.400	1.220	380	1.530	1.240
Lev	527	0.540	0.560	147	0.560	0.570	380	0.530	0.550
Growth	527	0.910	0.130	147	0.890	0.140	380	0.910	0.120
Cfoas	527	0.050	0.050	147	0.060	0.060	380	0.050	0.050
Indep	527	0.350	0.330	147	0.330	0.330	380	0.350	0.330

5.3.3　相关性分析

表 5 - 5 列出的全样本各变量的 Pearson 的相关分析结果，可以看出，各自变量的相关系数很小，不存在严重共线性问题。

表 5－5 连续并购、并购经验与并购绩效各变量的 Pearson 的相关分析

变量	ΔROA	Δop	Madur	Maexp	Maabl	Gove	Size	q	Lev	Growth	Cfoas	Indep
ΔROA	1											
Δop	0.895***	1										
Madur	−0.008	−0.016	1									
Maexp	−0.021	−0.018	0.564***	1								
Maabl	0.035	0.027	0.863***	0.464***	1							
Gove	0.016	0.025	0.001	0.087**	−0.023	1						
Size	0	0.025	0.259***	0.158***	0.300***	0.219***	1					
q	−0.055	−0.148***	0.036	−0.081*	0.012	−0.063	−0.132***	1				
Lev	0.173***	0.156***	0.207***	0.069	0.229***	0.007	0.364***	−0.162***	1			
Growth	0.017	0.009	−0.008	−0.004	0.022	−0.073*	−0.022	−0.052	0.024	1		
Cfoas	−0.051	−0.079*	0.100**	0.076*	0.071	0.115***	0.041	0.115***	−0.016	−0.121***	1	
Indep	−0.075*	−0.076*	0.045	−0.158***	0.074*	0.003	0.102**	0.086**	0.006	0.009	0.039	1

注：***、**和*分别表示 1%、5%和 10%的显著性水平，双尾检验。

5.3.4　多元回归分析

表 5-6 提供假设 H1 的结果，在对连续并购与并购绩效的全样本回归分析中，无论是并购前后的 ROA，还是用并购前后的 OP，连续并购次数对并购绩效在 1%的水平下显著负相关。这表明，连续并购次数越多，管理者学习的时间越少，管理者对连续并购中学习不充分，导致并购前后并购绩效下降。

同样，对连续并购与并购绩效按企业性质的分组回归分析中，国有并购企业和民营并购企业连续并购次数对并购绩效都是负相关，民营企业在 1%的水平下显著，而国有企业的结果不显著。这表明，民营企业连续并购次数越多，管理者对连续并购中学习越不充分，而引发的并购绩效的负面影响比国有企业要更强烈。

表 5-6　连续并购与并购绩效

变量	(1) ΔROA
Cons	0.101*
	(0.06)
Madur	−0.012***
	(0.00)
Maabl	0.006**
	(0.00)
Gove	0.006
	(0.01)
Size	−0.005*
	(0.00)
q	−0.001
	(0.01)
Lev	0.052***
	(0.02)
Growth	0

续表

变量	(1) ΔROA
	(0.00)
Cfoas	−0.023
	(0.03)
Indep	−0.091**
	(0.05)
Industry	yes
Year	yes
N	527
Adj. R^2	0.055
F Value	2.091

注:***、** 和 * 分别表示 1%、5%和 10%的显著性水平,双尾检验。

表 5-7 提供假设 H2 的结果,之前并购经验对并购绩效的回归分析中,之前并购经验对并购绩效在 10%的水平下正相关。这表明,之前并购经验对企业并购绩效起到反转作用,并购企业通过吸收内化为并购能力,提高企业并购绩效。

表 5-7　并购经验与并购绩效

变量	(2) ΔROA
Cons	0.106*
	(0.06)
Madur	−0.015***
	(0.01)
Maexp	−0.022
	(0.01)
Maexp x madur	0.009*
	(0.01)
Maabl	0.005**

续表

变量	(2) ΔROA
	(0.00)
Gove	0.006
	(0.01)
Size	−0.005*
	(0.00)
q	0
	(0.01)
Lev	0.053***
	(0.02)
Growth	0
	(0.00)
Cfoas	−0.022
	(0.03)
Indep	−0.091**
	(0.05)
Industry	yes
Year	yes
N	527
Adj. R^2	0.057
F Value	1.997

注：***、** 和 * 分别表示 1%、5%和 10%的显著性水平，双尾检验。

5.3.5　稳健性检验

使用基于会计的并购绩效测量，用并购前后的经营业绩的变化值(ΔOP)来表示，采用并购完成之后一年的 OP 与并购前一年的 OP 来度量并购事件对经营业绩的影响。重新做前述回归分析，结果不变。

表 5－8 提供假设 H1 的结果，在对连续并购与并购绩效的全样本回归分析

中，用并购前后的 OP，连续并购次数对并购绩效在 1% 的水平下显著负相关。这表明，连续并购次数越多，管理者学习的时间越少，管理者对连续并购中学习不充分，导致并购前后并购绩效下降。

同样，对连续并购与并购绩效的按企业性质分组回归分析中，国有并购企业和民营并购企业连续并购次数对并购绩效都是负相关，民营企业在 1% 的水平下显著，而国有企业的结果不显著。这表明，民营企业连续并购次数越多，管理者对连续并购中学习越不充分，而引发的并购绩效的负面影响比国有企业要更强烈。

表 5－8　稳健性检验连续并购与并购绩效

变量	(1) ΔOP
Cons	0.112*
	(0.06)
Madur	−0.012***
	(0.00)
Maabl	0.006*
	(0.00)
Gove	0.009
	(0.01)
Size	−0.005*
	(0.00)
q	−0.010
	(0.01)
Lev	0.043**
	(0.02)
Growth	0
	(0.00)
Cfoas	−0.039
	(0.03)

续表

变量	(1) ΔOP
Indep	−0.090**
	(0.04)
Industry	yes
Year	yes
N	527
Adj. R^2	0.070
F Value	2.355

注：***、** 和 * 分别表示 1%、5% 和 10% 的显著性水平，双尾检验。

表 5－9 提供假设 H2 的结果，之前并购经验对并购绩效的回归分析中，之前并购经验对并购绩效在 10% 的水平下正相关。这表明，之前并购经验对企业并购绩效起到反转作用，并购企业通过吸收内化为并购能力，提高企业并购绩效。

表 5－9　稳健性检验并购经验与并购绩效

变量	(2) ΔOP
Cons	0.121*
	(0.06)
Madur	−0.017***
	(0.01)
Maexp	−0.022
	(0.02)
Maexp x madur	0.010*
	(0.01)
Maabl	0.005*
	(0.00)
Gove	0.008
	(0.01)
Size	−0.005*

续表

变量	(2) ΔOP
	(0.00)
q	−0.009
	(0.01)
Lev	0.045**
	(0.02)
Growth	0
	(0.00)
Cfoas	−0.038
	(0.03)
Indep	−0.089**
	(0.04)
Industry	yes
Year	yes
N	527
Adj. R^2	0.073
F Value	2.252

注：***、** 和 * 分别表示 1%、5%和 10%的显著性水平，双尾检验。

5.4 小结

上面检验了连续并购、并购经验与并购绩效之间的关系，检验了并购经验对并购绩效的调节作用。连续并购的表象是并购频次较高，从学习角度来看，较高的并购频次不利于企业学习，学习不充分的会损害并购绩效。但是之前从并购中积累的经验，以及通过学习转化为能力之后，会改进并购绩效。基于此，选取 CSMAR 中国上市公司并购重组数据库提供的首次公告日在 1998—2010 年所有 A 股上市并购事件作为初始样本，进行样本筛选和处理后，分别按企业性质和企业规模对并购企业进行分组检验，研究发现，连续并购对并购企业并购绩效会带来负面影响，连续并购次数越多，企业并购绩效越差，尤其是民营企业比国有企业的并购绩效差，同时小规模并购企业，在连续并购情况下，并购绩效更差。

研究表明，随着并购企业连续并购次数增加，管理者在两次并购之间的学习不充分，对并购中的经验和教训还没有来得及消化和吸收，就进行下一场并购并不能给企业带来良好的业绩。但是，并购经验转化为的并购能力能够反作用于并购绩效，使并购绩效发生正的逆转。在我国，连续并购现象将成为并购市场一大特点，因此，如果并购时间安排合理且得当，将会使企业有足够的时间消化、吸收并购经验，并购通过学习机制将其转化为并购能力，高水平的并购能力将推进并购绩效的改进。那么，良好的业绩会为促进企业进行下一轮并购储备足够的实力。如此良性循环，将推动企业不断发展。

在下一章，将继续考察并购能力所带来的后续问题，即并购能力形成后，一旦得到充分的发展，是否这种能力将促进并购成功率的提高，在一步步并购过程中实现企业的战略目标呢？

第6章 并购能力与并购成功率关系的实证研究

全球在并购上的投资达到史无前例的水平，我国企业并购活动也十分频繁和活跃，有关机构显示，2010年中国企业发生并购案例2556起，交易额达到1696.43亿美元，在全球排名第二位[①]。从整理国泰安(CSMAR)中国上市公司并购重组数据库提供的首次公告日在2003—2010年公司并购事件来看，连续并购的企业数量也在不断上升，因此，连续并购成为企业并购的一种趋势和现象。正如并购中的一个悖论，并购往往比不并购结果更糟，但是，完全不并购又很难与竞争对手的发展速度抗衡[②]。

我国的并购活动失败率居高不下，甚至在并购交易的初期阶段即以失败告终，是哪些因素影响并购成败，并购企业又该如何提高并购成功率呢？人们在寻找并购失败原因的时候，发现并购企业可能本身存在并购能力的缺失(陶瑞，刘东，2012，李东飞，2011)，忽略了自我评价，专注于制定评价目标公司的标准和对选定的目标公司开展尽职调查，导致很多公司因为不清楚自身是否具备了并购条件而盲目实施并购，最终以失败告终。并购能力过低是造成并购失败的重要原因之一。是否善于从并购成败中总结经验教训，并形成特有的并购能力是企业在并购中应该不断思考的问题。关于并购经验与并购成功率的实证结论不确定。一些学者发现两者之间是正U型关系。贾镜渝，李章和郭斌(2015)

---

① 2010年中国并购市场年度研究报告[EB/OL]. http://www.zero2ipoMAroup.com/research/reportdetails.aspxΔr=03bcaa65-71c1-4d33-8236-59b49becbade，2011-10-20.

② [美]戴维. 哈丁，萨姆. 罗维特. 兼并之道：决定公司并购成败的四个关键决策[M]. 胡中祥，胡枫，译. 北京：商务印书馆，2006.

在对跨国并购研究中发现，在跨国并购经验较少时，经验负向影响并购成功率，当经验积累到一定程度后，经验才能提高并购成功率。一些学者发现两者正相关。Al－Laham 等(2010)发现之前的并购经验与并购成功率正相关。一般的并购经验与并购成功率正相关，有目标企业并购经验能够加快并购后整合和知识的转移。一些学者没有发现两者之间存在联系。Beitel 等(2003)发现经验本身可能对并购成功的影响不大，只有经过编纂后，形成相关并购知识，才有助于并购交易的成功。因此，拟分析我国并购经验与并购成功之间的关系。

具体来说，第一，有并购经验和没有并购经验的企业谁的并购成功率会更高一些？第二，哪些因素会影响并购成功率？以我国首次公告日在 2003—2010 年所有 A 股上市并购事件作为初始样本，检验连续并购企业中的经验效应。从理论上来说，一个重要的原因可以解释为什么并购经验会促进并购成功率的提高，是因为并购是一件非常复杂的交易，由一系列相关依赖的活动组成，如尽职调查、谈判、融资和整合，每一个过程本身也是很复杂的，那么有经验的公司在这个过程中都会比没有经验的公司有更强的能力。如，经验丰富的公司，在并购中会利用相关并购知识改进交易执行，会恰当地估计协同相应的战略价格，优化交易融资或者谈判取得成功，这是并购过程中所体现的更高一筹的并购技巧。一般来说，并购经验丰富的企业并购成功率会高一些。实证研究发现，没有并购经验的企业并购成功率低于有并购经验的企业。这表明，在我国，并购经验对并购起到促进作用。进一步的研究还发现，并购经验、长期负债率对连续并购企业有显著的影响。这表明，企业并购次数越多失败的风险越高，同时连续并购对长期偿债能力有影响。

研究对并购绩效研究方法和并购成败影响因素的分析上的贡献有以下两个方面。

(1)尝试运用新的并购绩效度量方法。传统并购绩效研究不外乎四种研究方法：事件研究法、会计研究法、调查问卷法和案例研究法，但是这些方法都有其固有的局限性，如事件研究法要求资本市场有效；会计研究法中的会计指标都是硬指标，易受会计准则变化的影响；调查问卷法指标是软指标，没有一种客观标准；案例研究法不具有普适性。国外学者常用生存比例来研究并购经验与并购绩效的关系，如 Schijven & Barkema(2007)。近年来台湾地区学者 Peng & Fang(2010)用此模型发现并购经验对并购发生率有正的影响，苏卫东，谢玲红(2011)，郭冰，吕魏，周颖(2011)用此模型解释并购发生概率。到目前为止还没有人解释并购成功率的问题，拟借用 Cox 风险比例模型来帮助研究并购经验对并购成功率的影响。

(2)深化了在连续并购背景下影响并购成败的因素分析。以前的研究大量集中一次并购及其并购成败的影响因素分析，但是我国近年来并购特征呈现出连续性，因此有必要结合国内实际并购交易特征来研究并购成败的影响因素分析。研究发现，并购经验多的企业并购的风险仍然比较高，同时连续并购企业的长期偿债能力风险也会变大。

6.1 理论分析与研究假说

6.1.1 并购经验和并购成功率

并购活动前企业需要并购工作组人员根据企业的战略目标制定企业的并购战略，从而筛选目标公司，确定并购目标公司；基于并购过程中会出现的财产权属、财务报告、或有债务等风险，还需要审慎性调查小组人员实施审慎性调查；在并购交易谈判中还需要谈判人员就交易价格、交易结构、融资来源等问题进行谈判。因此，企业的经验、判断(judgment)、智力(intelligence)、关系(relationship)以及见识(insight)都是其能力的体现。根据组织学习理论，在多次并购中形成的并购能力。在企业取得并购经验后，通过并购经验清晰化，对并购经验解码，分享并购经验，最后使并购经验内化，这一系列的过程，是企业对并购知识熟知，对并购过程标准化，因此，有并购经验的企业比没有并购经验的企业的效率会更高。原因首先是并购经验使得企业能够更好地理解并购中的关键程序和事项，帮助企业选择更适合的被并购企业，有效管理并购实施程序，增强并购后的整合能力。其次经验分享后产生了对事物的共识，更有效地促进企业去吸收新知识。因此，Cohen & Levinthal(1990)等学者认为吸收能力有助于提升企业能力。最后经验可以视作能力培养中的一个关键概念，通过对经验进行简洁化和专业化的学习将改进组织的绩效。因此，经验、知识、能力三者关系紧密，经验中的知识在转化为企业的常规中，通过不断的实践加强，提升企业能力以及能力发展（Helfat，2000；Zollo & Winter，2002）。

有学者认为能力、经验是影响并购成功率的重要因素。Adams & Neely（2000）运用绩效棱镜分析并购绩效，其中一个棱面是能力，即能力是人、实践、技术和基础设施的集合。在并购中团队克服困难向预期的并购成功的结果趋近。Beitel 等（2003）发现经验本身可能对并购成功的影响不大，只有经过编纂后，形成相关并购知识，才有助于并购交易的成功。

因此，假设 H1：有并购经验的公司比没有并购经验的公司并购成功率高。

6.1.2　财务资源和并购成功率

并购是一项涉及金额巨大的投资活动，并购企业必须具有一定的资金来完成。并购活动需要一定的财务资源的支持。长期以来，中国上市公司在收购被并购公司时，约 80％的收购对价支付方式是现金。在连续并购中提到的华新水泥在 2010—2016 年发生 14 起并购事件中，大部分也都是采用现金支付方式。2010 年 11 月 13 日，华新水泥与吕有富先生和湖北京兰水泥集团有限公司签订协议，以 2379.5 万元的价格收购三源公司 100％股权，属于非同一控制下的企业合并。2010 年 11 月 30 日交易完成，实际支付现金 2141.6 万元。2011 年 1 月 27 日，华新水泥向陕西金龙水泥有限公司收购了其持有的华新金龙水泥（郧县）有限公司 80％的股权，合并成本 36380 万元，实际支付现金 35416.7 万元。2011 年 3 月 18 日，华新水泥取得华新水泥（房县）有限公司控制权，属于非同一控制下的企业合并，合并成本 2347.6 万，实际支付现金 2161 万元。2012 年 11 月 30 日华新水泥的全资子公司华新水泥（万源）有限公司向万源市国有资产经营投资管理有限责任公司收购其持有的万源市大巴山水泥有限责任公司 100％股权，属于非同一控制下企业合并，合并成本为 6150 万元，实际支付现金 3548 万元。由此可见丰富的自由现金流资源是并购成功率提高的重要影响因素。

Teece（1981）认为企业的可利用资源中的财务资源包括内部资金和外部资金两种，内部资金丰富更倾向于无关多元化，通过并购立刻获得目标方公司的实物资产和知识性资产。主要通过公司的现金流量、负债能力比率、资产保值增值比率、经营能力比率以及筹资渠道和水平来判断公司财务资源供给量能否保证以及供给的及时性问题。这里主要关注内部资金的来源。借鉴李善民，周小春(2007)，公司可利用资源，用长期负债/公司总资产来衡量公司内部资金资源。葛结根(2015)在研究并购支付方式对并购绩效影响中，发现现金支付方式以及现金与资产支付组合的企业并购绩效稳定。Yang & Lander(2017)认为战略、并购者特征和治理是并购成功的三因素。成功的并购需要并购必须拥有能够实现协同效应所必需的管理和财务资源。

因此，假设 H2：财务资源越丰富，并购成功率越高。

6.2 研究设计

6.2.1 样本选择

选取国泰安研究服务中心数据库中的首次公告日在 2003—2010 年所有深交所 A 股上市并购事件作为初始样本，并根据研究需要按如下标准筛选样本。

(1)剔除并购方为非金融业上市公司。

(2)被并购公司既可以是上市公司，也可以是非上市公司或上市公司子公司。

(3)剔除并购方为 ST 公司。

(4)并购类型为协议收购和要约收购。

(5)并购交易金额大于 100 万元人民币。

(6)剔除并购不成功并购事件。

(7)同一家公司在一年内完成多起并购，只保留公司在当年所完成的第一起并购。

此外，为了排除异常值对检验结果的影响，对所有变量进行了最高和最低 1%的 Winsorize 处理，最终样本为 225 家公司 530 起并购。这里所使用的数据包括并购企业并购经验、核心并购期并购次序和并购企业特征数据。其中，并购企业并购经验和核心并购期并购次序根据 CSMAR 中国上市公司并购重组数据库，手工整理而成；并购企业特征数据来自 CSMAR 中国上市公司财务报表数据库、中国上市公司财务指标分析数据库、中国上市公司治理结构研究数据库。

6.2.2　变量描述

6.2.2.1　因变量

这里是否并购成功是用并购前后资产收益率的变化值（ΔROA）进行判定，如果大于 0，则并购成功，如果小于 0，则并购失败。会计研究中通常有多种财务指标衡量并购绩效，如销售收益率、资产收益率、投资收益率等。这里采用 ROA 资产回报率和 ROE 权益回报率作为因变量。在并购文献中，资产回报率是广泛使用的指标（Haleblian & Finkelstein，1999；Hitt 等，1998；Kusewitt，1985；Ramaswamy，1997；Zollo & Singh，2004）。Meeks & Meeks（1981）比较了三个会计绩效指标，分别是销售利润率、权益回报率和资产回报率。他们总结了 ROA 是并购绩效中最适合的指标，相比较另外两个指标，ROA 不会因为并购中的杠杆或者谈判力问题导致高估或者低估的偏见。

很多现存的研究（e. g. Ramaswamy，1997；Zollo & Singh，2004）建议将事后与事前的并购回报比较。这种基本方法的背后是比较合并后与并购前并购公司和要约公司权重的回报（Ramaswamy，1997；Sudarsanam，2003）。这里采用并购完成之后一年的 ROA 与并购前一年的 ROA 来度量并购事件对经营业绩的影响。

6.2.2.2　测试变量

之前的并购经验为哑变量，以自 1998 年以来并购企业是否有过并购经验来表示（Haleblian & Finkelstein，1999；Hayward，2002；Schijven & Barkema，2007）。这里主要用资产负债率（总负债/总资产）来衡量公司内部资金资源。

6.2.2.3　控制变量

结合已有并购文献，控制并购公司的特征变量有：公司性质、公司管理能力、公司规模、成长性、经营现金流量除以总资产、独立董事比率等。具体见表6-1。

1. 公司性质

公司性质(Gove)是按照公司所有权进行划分,将其分为国有企业和民营企业。之前学者研究发现国有企业和民营企业在并购决策、并购绩效中存在显著差异(方军雄,2008;潘红波和余明桂,2014;赵立彬,张秋生和杨志海,2014;唐建新和陈冬,2010;田高良,韩洁和李留闯,2013)。控制公司性质对并购行为产生影响,用哑变量表示,国企为1,民企为0。

2. 公司规模

公司规模(Size)是并购前一年年末并购公司总资产的自然对数。之前文献表明,公司特征会并购绩效产生影响,不同规模企业并购影响力不同,规模越大,溢价并购概率越大,并购收益越低(唐建新和陈冬,2010;李青原,2011;田高良,韩洁和李留闯,2013;吕长江和韩慧博,2014;)。

3. 成长性

成长性(Growth)是并购前一年年末并购公司营业收入增长率。企业成长性可能是企业并购的动机之一,把握时机的扩张会带来企业并购收益增加,但是盲目扩张会导致企业并购收益下降,因此将其作为控制变量进行控制(唐建新和陈冬,2010;潘红波和余明桂,2011;李青原,2011;田高良,韩洁和李留闯,2013)。

4. 经营自由现金流量水平

经营自由现金流量水平(Cfoas)是并购前一年年末并购公司经营现金流量占总资产的比重(唐建新和陈冬,2010)。

5. 独立董事比率

独立董事比率(Indep)是并购前一年年末并购公司独立董事人数占董事会人数的比重。公司治理水平对并购绩效产生影响,好的公司治理会选择合适的并购方式和并购时机进行并购。(李善民,朱滔,2006;吴超鹏,吴世农,郑方镳,2008;潘红波,夏新平,余明桂,2008;唐建新,陈冬,2010;Meyer－Doyle,2012;吕长江和韩慧博,2014;杨志强等,2017)。

6. 行业

行业(Industry)是哑变量。根据中国证监会《上市公司行业分类指引》进行划分行业,用来控制不同行业对结果的影响。2003—2010 年,行业和年度均作为哑变量(唐建新和陈冬,2010;杨志强等,2017)。

7. 年度

年度(Year)是哑变量,用来控制不同年份对结果的影响。2003－2010 年,行业和年度均作为哑变量(唐建新和陈冬,2010;李青原,2011;杨志强等,2017)。

表 6－1　并购经验与并购成功率变量定义

A 栏:因变量		
变量名称	变量符号	变量度量
并购成功	success	哑变量,成功为 1,失败为 0
生存期	time	企业寿命,上市时间
B 栏:自变量		
变量名称	变量符号	变量度量
之前并购经验	Maexp	哑变量,若 2003 年之前有过并购经验为 1,否则为 0
财务资源	Lev	并购前一年年末并购总负债与总资产的比值
C 栏:控制变量		
变量名称	变量符号	变量度量
公司性质	Gove	哑变量,国企为 1,民企为 0
公司规模	Size	并购前一年年末并购公司总资产的自然对数
成长性	Growth	并购前一年年末并购公司营业收入增长率
经营自由现金流量水平	Cfoas	并购前一年年末并购公司经营现金流量占总资产的比重
独立董事比率	Indep	并购前一年年末并购公司独立董事人数占董事会人数的比重
行业控制	Industry	哑变量
年度控制	Year	哑变量

6.2.3 模型构建

Cox 风险比例模型最初是在医学、生物学研究中，用生存分析对于肿瘤等疾病的疗效以及预后的考核，该方法的思想也可以运用在对并购活动效率的考评，Cox 风险比例模型也可以用来讨论并购成败和一些解释变量之间关系（Schijven & Barkema；2007；Peng & Fang，2010；苏卫东，谢玲红，2011；吕魏，周颖，2011）。重点是企业并购后的生存时间，即从开始并购到并购失败的时间，如果在观察期内并购没有失败，生存时间记为截尾时间。根据研究需要是从并购交易日开始到某一个观察期止，观察进行并购的公司是否可持续发展，如果公司继续发展，则认为该公司并购成功，如果该公司不存在或者更名，则认为公司并购失败。以哑变量来度量生存时间。另外，还收集了并购企业的财务资源作为协变量，运用 Cox 回归分析财务资源对生存时间的影响以及影响大小，是延长了并购后生存时间还是缩短了并购后生存时间。Cox 风险比例模型最大的特点是对估计资料的生存分布类型没有要求。为检验假设 H1，运用 Cox 风险比例模型单因素分析，为检验假设 H2 运用 Cox 风险比例模型进行多元回归分析。

$$h_i(t)=h_0(t)\exp\{\beta_1 \mathrm{Maexp}_{it}+\beta_2 \mathrm{Gove}_{it}+\beta_3 \mathrm{Size}_{it-1}+\beta_4 \mathrm{Lev}_{it-1}+\beta_5 \mathrm{Gowth}_{it-1}+\beta_6 \mathrm{Cfoas}_{it-1}+\beta_7 \mathrm{Indep}_{it-1}+\beta_8 \mathrm{Industry}_{it-1}+\beta_9 \mathrm{Year}_{it-1}+\beta_1 \varepsilon_{it}\} \tag{6-1}$$

另外，在以上模型中，均对行业和时间因素进行了控制。行业和时间均用虚拟变量来表示。

6.3 实证检验结果与分析

6.3.1 样本分布

表 6-2 中 A 组给出了样本分布情况，从样本分布的年度来看，2003—2010 年并购事件，期间在 2005 年 4 月 29 日，中国证监会启动上市公司股权分置改革试点工作，5 月 8 日，证监会公司公布《上市公司股权分置改革试点业务操作指引》，5 月 9 日，首批 4 家股改试点公司名单公布（三一重工、紫江企业、清华同

方、金牛能源），6月20日，推出第二批42家股改试点公司，9月12日，股权分置改革全面推进。股权分置改革是解决非流通股流通的问题。股权分置改革前后，2004—2006年经历下降之后，并购逐步上升。

受2008年金融危机的滞后影响，2009年、2010年与2008年相比，并购数量略有下降。但从整体并购数量趋势来看，2007年以后，并购数量是以2003年以来平均3倍的速度增长。

表6-2中B组给出的是样本分布的行业，我国并购行业分布广泛，涉及20个具体行业，530个并购事件样本中，制造业(C)、综合类(M)和房地产(J)业并购突出，明显高于其他行业，制造业行业中的机械、设备、仪表(C7)以及石油、化学、塑胶、塑料(C4)并购交易活跃。

表6-2中C组给出的是连续并购的次数，连续并购是企业在一段时间内进行的多起并购，考虑财务数据的获得性，删除并购时间间隔短于6个月的并购交易后，表6-2中C组反映出我国企业并购次数分布，有过两次并购经验的企业最多，获得一次并购经验的企业第二，获得三次并购经验的企业第三，超过三次的企业数量在下降。这说明我国企业至少有2次以上的并购经验。具体见表6-2。

表6-2 并购能力与并购成功率样本基本分布

A组:按年度分布

年度	2003	2004	2005	2006	2007	2008	2009	2010	合计
总样本数	56	45	30	42	99	91	86	81	530

B组:按行业分布

行业	总样本数
农、林、牧、渔业(A)	13
采掘业(B)	13
制造业(C)	215
其中:食品饮料(C0)	17
纺织、服装、皮毛(C1)	16
造纸、印刷(C3)	2

续表

行业	总样本数
石油、化学、塑胶、塑料(C4)	44
电子(C5)	8
金属、非金属(C6)	32
机械、设备、仪表(C7)	57
医药、生物制品(C8)	30
其他制造业(C9)	9
电煤水生产(D)	33
建筑业(E)	14
交通运输、仓储业(F)	24
信息技术业(G)	18
批发和零售贸易(H)	49
房地产业(J)	53
社会服务业(K)	27
传播与文化(L)	2
综合类(M)	69
合计	530

C组:连续并购次数

连续并购次数	1	2	3	4	5	合计
并购事件	157	208	110	40	15	530

6.3.2 描述性统计分析

Mafre均值为0.28,标准差为0.45,Lev均值为0.54,标准差为0.166,Indep均值为0.344,标准差为0.071。总体来看,样本中并购企业资产负债率为54%,最小值为13%,最大值为87%,企业间资产负债率差异较大,同样,Indep最小值为0,最大值为67%,外部独立董事在企业间存在较大差异(见表6-3)。

表 6-3　并购经验与并购成功率描述性统计分析

变量	N	最小值	最大值	均值	标准差
Mafre	530	0.000	1.000	0.280	0.450
Gove	530	0.000	1.000	0.630	0.484
Size	530	19.914	24.820	21.724	1.013
Lev	530	0.132	0.870	0.540	0.166
Growth	530	−0.966	24.420	0.902	3.130
Cfoas	530	−0.237	0.323	0.053	0.091
Indep	530	0.000	0.667	0.344	0.071

6.3.3 相关性分析

表 6-4 列出的全样本各变量的 Pearson 的相关分析结果，可以看出，各自变量的相关系数很小，不存在严重共线性问题。

表 6-4　并购经验与并购成功率各自变量的 Pearson 的相关分析

变量	Mafre	Gove	Size	Lev	Growth	Cfoas	Indep
Mafre	1						
Gove	.090**	1					
Size	.161***	.219***	1				
Lev	0.06	0	.359***	1			
Growth	−0.004	−0.074	−0.022	0.025	1		
Cfoas	0.073	.115***	0.041	−0.016	−.121***	1	
Indep	−.171***	−0.016	0.085	0.047	0.014	0.025	1

注：***、** 和 * 分别表示 1%、5%和 10%的显著性水平，双尾检验。

6.3.4 单变量分析

表 6-5 列出了有并购经验的企业与没有并购经验的企业在并购成功率方面的差异。表中的左边是平均数的比较，右边是中位数的比较。为了检验有并

购经验企业和没有并购经验企业的并购成功率是否存在差异，观察按照有无经验分组的 Kaplan－Meier 生存曲线，其结果见表 6－5。没有并购经验的 381 起，有并购经验的 149 起。表 6－5 显示的是有无经验企业的存活时间，其中，没有经验均值为 16.47，中位数 16.30；有经验均值 17.44，中位数 18.75。总体来看，均值都很显著，有并购经验的成功率比没有并购经验的要高。图 6－1 也清晰地反映出两条并购成功率曲线均为下降的曲线，下降坡度由缓到急的一个过程，表明有并购经验的企业比没有并购经验企业的并购成功率要高，企业存活的时间要更长。因此，表 6－5 和图 6－1 的单变量检验结果初步支持假设 H1。

表 6－5 有经验企业与无经验企业的单变量分析

组别	平均数[a]				中位数			
	估值	标准误差	95%置信区间		估值	标准误差	95% 置信区间	
			下限	上限			下限	上限
无经验组	16.473**	0.219	16.044	16.902	16.301**	0.690	14.948	17.654
有经验组	17.437**	0.325	16.801	18.073	18.748	1.377	16.048	21.448
整体	16.754	0.184	16.395	17.114	17.899	0.677	16.571	19.226

a 如果估计值已删失，那么它将限制为最长的生存时间。

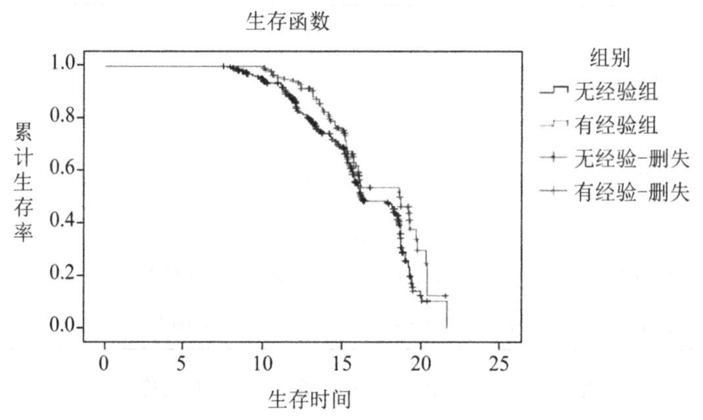

图 6－1 有经验企业与无经验企业的成功率

6.3.5 多元回归分析

表 6－6 中的单变量检验结果初步支持假设 H1，下面进一步控制其他可能

影响并购成功率的因素，用多元回归模型对假设 H2 进行检验。Cox 多元回归分析中，样本卡方值为 58.489，自由度为 25，P=0.000，说明 Cox 风险比例模型中的系数不全为 0。

表 6-6　Cox 多元回归分析[a,b]

对数似然值	总体(Score)			来自前面部分的变化			来自之前 Block 的变化		
	卡方值	自由度	P 值	卡方值	自由度	P 值	卡方值	自由度	P 值
2504.515	58.489	25.000	0.000	54.939	25.000	0.001	54.939	25.000	0.001

a. 初始 Block 数为 0，最初的对数似然函数：对数似然值 2559.454。

b. 初始 Block 数为 1，Method = Enter。

进一步检验，表 6-7 列出了相应的检验结果，表中可以看到，结果发现 Mafre 系数为 0.369，在 5%的水平下并购经验与并购失败风险有显著的正效应，由于系数为正，因此，表明风险增强。并购次数每增加 0.369 次，并购失败风险就增加 1.446 倍。这与单变量检验的结果一致。这说明，在控制了影响并购成功率的其他因素以后，并购经验仍然对并购成功率具有显著的促进作用，这个结果与假设 H1 的预期一致。另外，结果发现 Lev 系数为 1.028，在 5%的水平下并购经验与并购失败风险有显著的正效应，由于系数为正，因此，表明风险增强，资产负债率每增加 1.028，并购失败风险就增加 2.795 倍。这说明，财务资源对并购成功率也起到重要作用。检验证实了假设 H2。图 6-2 也清晰地反映出有并购经验的企业比没有并购经验的企业失败率要高。

表 6-7 并购成功率风险分析

变量	回归系统	标准误差	Wald 卡方值	自由度	P 值	相对危险度	95.0%置信区间	
							下限	上限
Mafre	0.369	0.167	4.855	1.000	0.028	1.446	1.042	2.006
Size	−0.067	0.075	0.786	1.000	0.375	0.935	0.807	1.084
Lev	1.028	0.428	5.767	1.000	0.016	2.795	1.208	6.466
Growth	−0.025	0.029	0.765	1.000	0.382	0.975	0.921	1.032
Cfoas	−0.611	0.779	0.615	1.000	0.433	0.543	0.118	2.500
Year	yes	yes	yes	yes	yes	yes	yes	yes
Industry	yes	yes	yes	yes	yes	yes	yes	yes

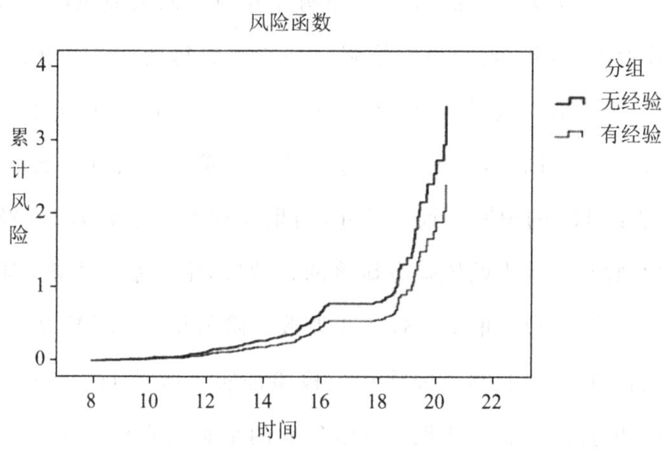

图 6-2 有并购经验企业与无并购经验企业的风险分析

6.3.6 稳健性检验

为了检验有并购经验企业和没有并购经验企业的并购成功率是否存在差异，以并购后 OP 前后变化是否为正，判断并购是否成功，观察按照有无经验分组的 Kaplan−Meier 生存曲线，其结果清晰地反映出有并购经验的企业比没有并购经验的企业要高(图 6-3)。因此，检验结果进一步支持假设 H1。

表 6-8 中可以看到，Mafre 系数为 0.503，在 5%的水平下并购经验与并购失败风险有显著的正效应，由于系数为正，因此，表明风险增强。并购次数每增

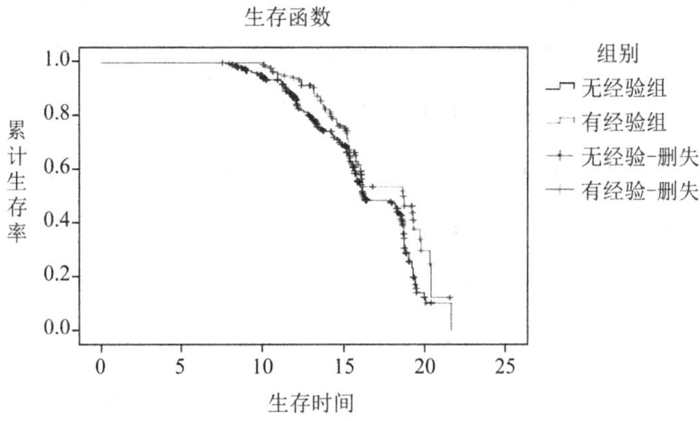

图 6-3　稳健性检验有经验企业与无经验企业的成功率

加 0.503 次，并购失败风险就增加 1.654 倍。Lev 系数为 0.718，在 5%的水平下并购经验与并购失败风险有显著的正效应，由于系数为正，因此，表明风险增强，资产负债率每增加 0.718，并购失败风险就增加 2.05 倍。

表 6-8　稳健性检验风险分析

变量	回归系统	标准误差	Wald 卡方值	自由度	P 值	相对危险度	95.0%置信区间	
							下限	上限
Mafre	0.503	0.170	8.714	1.000	0.003	1.654	1.184	2.309
Size	0.037	0.074	0.247	1.000	0.619	1.038	0.897	1.200
Lev	0.718	0.426	2.841	1.000	0.092	2.050	0.890	4.724
Growth	0.013	0.023	0.335	1.000	0.563	1.013	0.969	1.060
Cfoas	−0.438	0.799	0.301	1.000	0.583	0.645	0.135	3.090
Year	yes	yes	yes	yes	yes	yes	yes	yes
Industry	yes	yes	yes	yes	yes	yes	yes	yes

6.4　小结

上述讨论并购能力与并购成功率的关系，检验并购能力发展是否有助于并购交易的成功率的提高。思路如下，并购能力是在并购经验中逐步建立和发展起来的，因此，有经验的并购企业的并购成功率应该高于没有并购经验的企业。

此外，企业不断地并购，需要有足够的财务资源作为支持，因此，除并购经验之外，还应关注财务资源等因素对并购成功率的影响。将运用 SPSS17.0 中生存分析对上述问题进行单因素分析和多因素分析。

基于此，选择 CSMAR 中国上市公司并购重组数据库提供的首次公告日在 2003—2010 年 225 家 A 股上市公司 530 起并购事件作为最终样本，运用生存分析的 Cox 风险比例模型，检验连续并购及其影响因素。研究发现，没有并购经验的企业并购成功率低于有并购经验的企业。这表明，在我国，并购经验对并购起到促进作用。进一步的研究还发现，并购经验、长期负债率对连续并购企业有显著的影响。这表明，企业并购次数越多失败的风险越高，同时连续并购对长期偿债能力有影响。以我国连续并购为背景，研究了并购经验与并购成功率的关系，一方面拓展和深化了并购绩效的方法研究，另一方面拓展和深化了在连续并购背景下影响并购成败的因素分析。

由于我国市场化并购不高，企业也不会重视并购能力问题，但是并购经验近年作为课题研究被认为是很重要的，更重要的是从并购中学习。显然，有经验不等于有学习，公司应该重视对并购经验的学习。对于后期并购来说，早期的学习可能产生更多经验，如果没有足够的吸收能力，早期教训不能运用在后来的并购实践中。因此，经验和学习的关系还可能是曲线关系，甚至是更复杂的关系。因为这个原因，我们仍需要学习更多的成功并购需要的东西。如从过去成功和失败的并购经验中总结，公司可以学会选择更好的未来目标以提高未来并购的整合过程。从经验中学习的方式能够使企业更能认清有价值的失败和无意义的成功。有价值的失败是企业在失败的经验中能够总结出来的经验教训、澄清认知并产生集体顿悟，从而增长企业和个人的知识和能力，而无意义的成功是企业处于一个被成功的环境中，忽略了对成功经验的反思和总结，可能在未来外部环境的变化中，遭遇新的挫败。

对并购能力问题研究是个较新的研究，并购能力的构建以及发展所带来的一系列经济后果，有待时日去进一步验证。下一章将对前面各章进行全面的总结，指出主要研究结果、政策建议和未来发展方向。

第7章　研究结论、启示与未来研究方向

7.1　研究结论和启示

7.1.1　研究结论

(1)对管理团队、管理者个人知识与经验对并购能力的影响分析,以探究连续并购企业管理者个人、管理层知识与经验是否对并购能力带来的影响。选取国泰安研究服务中心数据库中的首次公告日在1998—2010年所有深交所A股上市并购事件作为初始样本,检验管理者经验与并购能力关系。研究发现,管理者团队经验与并购能力存在正相关关系,但不显著。这表明,在我国,管理团队的学习效应尚待开发与完善。进一步的研究还发现,管理团队中的CEO、CFO个人知识与经验对并购能力有显著影响。这表明,从租金角度考虑,管理团队中的CEO、CFO个人知识与经验这些隐性知识在发挥着重要作用,但是出于理性的考虑,短期内这些知识与经验不能在并购企业中传播。

(2)对并购经验与并购绩效之间的分析,以探究连续并购企业管理者学习与否对并购绩效带来的影响。选取国泰安研究服务中心数据库中的首次公告日在2003—2010年所有深交所A股上市并购事件作为初始样本进行样本筛选和处理后,分别按企业性质和企业规模对并购企业进行分组检验,研究发现,连续并购对并购企业并购绩效会带来负面影响,连续并购次数越多,企业并购绩效越差,尤其是民营企业比国有企业的并购绩效差,同时小规模并购企业,在连续并购情况下,并购绩效更差。研究表明,随着并购企业连续并购次数增加,管理者在两次并购之间的学习不充分,对并购中的经验和教训还没有来得及消化和吸收,就进行下一场并购并不能给企业带来良好的业绩。

(3)选取国泰安中国上市公司并购重组数据库提供的首次公告日在2003—2010年225家A股上市公司530起并购事件作为最终样本,运用生存分析的Cox比例风险模型,检验连续并购及其影响因素。研究发现,没有并购经验的企业并购成功率低于有并购经验的企业。这表明,在我国,并购经验对并购起到促进作用。进一步的研究还发现,并购经验、长期负债率对连续并购企业有显著的影响。这表明,企业并购次数越多失败的风险越大,同时连续并购对长期偿债能力有影响。

7.1.2 研究启示

(1)在我国,尽管媒体报道并购数量在增加,但是还是有很多企业没有从事过并购活动,并购知识和并购经验都不丰富,能否直接用并购经验变量替代并购能力,亟待实证研究的检验。从理论上探讨我国企业培养和发展并购能力的必要性、存在的问题及对策。作为转型经济国家和发展中国家,与发达市场国家相比,我国制度还很欠缺,一些非正式的机制在并购中起到很重要的作用,因此在以往的研究中学者更多地注重关系研究,忽视了企业自身的并购能力问题的研究,这在市场和制度相对落后的情况下,关系型契约的确可以起到有效配置资源的作用,但是随着经济发展到一定阶段,关系型契约必将让位于市场化契约,能力问题一定会提到议事日程上来。有并购能力的企业通过真实能力获得并购成功,没有并购能力的企业需要通过持续不断的学习,将学习转化为市场所需要的能力,进而获取并购成功。因此,并购能力发展存在一个时间积累和效应滞后的现象,对并购绩效存在一个门槛效应——需要投入足够量的但要持续一定时间才能产生的效益。

(2)从实证的角度,借鉴国外对并购能力问题研究文献,在充分整合组织学习理论、企业资源理论、并购效率理论之后,将并购经验引入到我国并购问题研究的分析框架中,检验结果表明,高管的并购知识和经验,尤其是CFO的并购知识和经验对并购能力构建有重要作用;企业之前的并购经验对并购绩效起到调节作用;有并购经验的企业比没有并购经验的企业并购成功率要高。这个结论与以往的结论是一致的,为以往相关结论提供了进一步的支持证据。因此,并购经验对于我国并购能力、并购绩效和并购效率都有一定的解释力，说明在我国现阶段，并购经验的研究具有一定的理论和现实意义。

7.2 政策建议、研究局限和未来研究方向

7.2.1 政策建议

7.2.1.1 注重人力资本

结合我国大量的并购实务来看，并购活动往往在初期阶段即以失败告终，这些失败的案例，无一不是“遇人不淑”“用人不当”“乏善可陈”①所导致的。因此，并购能力实质上体现的是企业并购经验的缺乏，而并购经验缺乏源于管理者相关能力的缺乏，其中主要源于管理者并购经验的缺乏，因此，并购能力可以追索到管理者并购经验的讨论上。在我国，并购人才是企业的稀缺资源，聘请具有并购经验的高管而获取人力资本，是企业并购成功的关键因素之一。企业高管的这种经验和并购背景在与目标企业讨价还价的过程中，发挥了很重要的作用，将个人经验转化为并购过程中的能力。而且对于企业来说，聘请具有并购经验的人士出任企业的董事或高管，可以利用他们积累的专业知识和技能，为企业提供并购方面的信息和帮助。

7.2.1.2 刻意的学习机制

国外对并购经验的研究中，发现并购经验主要来自两种途径：第一，来自企业自身的并购经验；第二，来自他方的并购经验。尽管实务和理论中数据显示，我国企业并购频繁，但是就具体某一个企业而言，并购是一件具有重大战略意义的行为，直接通过并购活动获取并购经验并转化为并购知识的企业并不多见，并购本身的复杂度，决定并购决策和执行之间存在高度的因果模糊性，要提

---

① 胡主席海外并购三问与并购人才培训[EB/OL]，http://www.grandall.com.cn/editnew.action∆check=false & newid=11219 & id=2，2011－10－20.

高并购能力，使并购交易获得成功，通过模仿、替代学习第三方的并购经验以及自己刻意地去学习并购知识成为我国企业并购过程中的必然选择。

在这个过程中并购学习机制起到关键性作用，并购机制是将并购知识由个别项目的经验形成系统化的组织知识，促进知识在后发并购项目中的应用，是提升并购能力的长效机制，尤其适用于我国目前阶段的并购实务。这个过程就是将并购过程中获得的经验，这种隐性的知识，通过刻意的集体学习和高水平的认知努力，如集体讨论、任务报告会等形式报告出来，通过分享个人经验和比较自己与同事之间的观点，增进对并购过程中的因果模糊的改进；然后将对隐含知识的理解记录下来，以手册、蓝图、电子表格、决策支持系统、项目管理软件等方式保存。文献强调编撰促进现存知识的扩散（Winter，1987；Zander & Kogut，1995；Nonaka，1994），以及复杂活动的协调和实施，以便在组织成员对并购知识的吸收后能够做出最有效的决策。

7.2.1.3 重视并购能力的发展

正如本书研究中所叙述的那样，并购能力的建立和发展需要知识、经验的不断投入和时间的累积才能对并购绩效产生效应。作为转型经济国家和发展中国家，与发达市场国家相比，我国制度还很欠缺，一些非正式的机制在并购中起到很重要的作用，因此在以往的研究中学者更多地注重关系研究，忽视了企业自身的并购能力问题的研究，这在市场和制度相对落后的情况下，关系型契约的确可以起到有效配置资源的作用，但是随着经济发展到一定阶段，关系型契约必将让位于市场化契约，能力问题一定会提到议事日程。有并购能力的企业通过真实能力获得并购成功，没有并购能力的企业需要通过持续不断的学习，将学习转化为市场所需要的能力，进而获取并购成功。因此，对于后者，并购能力发展存在一个时间积累和效应滞后的现象，对并购绩效存在一个门槛效应——需要投入足够量的但要持续一定时间才能产生效益。

7.2.2 研究局限

（1）本书的主要目的是通过研究并购经验、并购能力和并购绩效，三者之间层层递进。基于数据可得性，本书仍然用的是上市公司并购数据，尽管这些数据可以提供有价值的视角去观察并购的前因和后果，但是这些数据也可能限制获得内部的真实并购能力。

(2)根据有效市场假设之下，事件研究中的短期窗口CARs来观察并购能力的大小，是基于在有效市场假说下，市场有能力预测和判断并购企业的并购能力。但是，市场并不是无所不知的，用异常回报率去测量并购能力可能还存在其他混杂的噪声。尽管短期窗口的CARs不完善，本书在研究中还是选用这种度量并购能力的方法，建议在未来的研究中可以采用高管调查法得到更好的度量并购能力的指标体系，做进一步的检验。

7.2.3 未来研究方向

7.2.3.1 拓展对不同层级管理者的研究

如果知识是有黏性的并且与管理者本地化相关(Szulanski，1996)，那么当管理者离开公司的时候，会带走这些知识，所以这种轮换导致重要的知识资源的缺失(Cannella & Hambrick，1993)。特别地，这种缺失会给行业竞争者提供机会获取经验资源，更重要的是，隐含的知识会提高公司能力和竞争位势(Cannella & Hambrick，1993)。未来的研究中可以检查管理者轮换的市场增长、创新和公司绩效的后果，也可以深入研究什么时候这种轮换是有利的，什么时候是有害的。

在并购过程中，除了CEO的学习能够影响企业并购绩效之外，CEO的个人特征可能会影响大型的并购投资决策。在并购过程中还有一些重要的中层管理者的自大或者学习程度也会影响到并购行为。因此，在未来的研究中，可以对不同层级管理者特征进行研究。

7.2.3.2 扩大并购能力研究的视角

组织自身并不能够成为一个完整的知识全集，因此，除了从自身的经验中学习之外，组织更要向外部去学习更多更丰富的知识，通过模仿其他公司并购行为复制成功。公司董事会董事个人经验也可能会影响并购战略的采用(Peng & Fang,2011),特别是连锁董事的社会资本以及连锁董事的经验是否会为并购绩效带来影响也是一个值得探讨的问题。另外,并购前期为取得并购战略的成功,企业也会聘请有并购背景的投行、律师事务所或者会计师事务所,从而保证并购交易的顺利进行,借助中介机构的并购知识和并购经验的效应有助于并购成功,或者至少是并购签约的成功,那么,中介并购经验是否也会对并购绩效带来影响,也是值得研究的问题。并购是一个复杂的过程,每一个环节既独立又相互影响,每一个环节对能力的具体要求有差异,随着市场化并购数量越来越多,并购中对能力的要求越来越清晰,在未来研究中可以考虑采用包括深入访谈、扎根理论和调查问卷方法等多种方式更深入对决策行为的认知理解,通过量表获取一手数据资料进行深入研究并购能力及相关问题。

在并购能力研究的文献中,还有一类是关于通过技术并购来获取能力(Ahuja & Katila,2001)。技术型企业成为主并企业并购中青睐的对象,源自主并企业通过并购能够从目标企业获取需要的某种技术能力。这一点可以成为未来研究的一个新的视角。

7.2.3.3 拓展并购绩效的内涵

Zollo & Meier(2008)对1970—2006年并购绩效实证研究文献资料的回顾中发现,事件研究法和财务指标法,在并购绩效实证研究中被广泛运用。事件研究法主要衡量短期并购绩效,财务指标法主要衡量长期并购绩效,通过运用一个或多个财务指标进行研究。其中,36%~41%的学者使用短期窗口时间研究法衡量并购绩效,28%的学者使用长期会计测量衡量并购绩效,还有其他的一些方法在并购绩效评价中使用,但比例不高。由此可见现有的并购绩效指标充分关注了财务绩效。随着国家“十三五”规划纲要的提出,“以转变经济发展方式为主线,实现绿色发展”的战略目标将对企业持续发展日显重要,走绿色发展之路也将逐渐成为各行各业的共识。传统的并购绩效只关注财务绩效的内容还亟待拓展到环境、绿色、社会等综合绩效。因此,并购综合绩效的评价体系却仍需完善,如何衡量这一经济行为的有效性将成为未来研究的重要问题。

参考文献

[1]陈国权．团队学习和学习型团队：概念、能力模型、测量及对团队绩效的影响[J]．管理学报，2007(5)：602—609．

[2]陈国权，李兰．中国企业领导者个人学习能力对组织创新成效和绩效影响研究[J]．管理学报，2009(5)：601—606．

[3]陈国权，宁南．组织从经验中学习：现状、问题、方向[J]．中国管理科学，2009(1)：157—168．

[4]陈建梁，袁宏泉．国内外关于影响并购成败的因素分析[J]．经济问题探索，2004(7)：7—10．

[5]陈健，席酉民，贾隽．并购后高管变更的绩效影响：基于中国上市公司的实证分析[J]．南开管理评论，2006(1)：33—37．

[6]陈轲．企业并购能力初探[J]．北京工商大学学报(社会科学版)，2006(2)：65—69．

[7]陈轲．论企业并购能力评价指标与方法[J]．北京工商大学学报(社会科学版)，2009(3)：37—40．

[8]陈仕华，等．国企高管政治晋升对企业并购行为的影响——基于企业成长压力理论的实证研究．管理世界，2015(9)：125—136．

[9]陈仕华，姜广省，卢昌崇．董事联结、目标公司选择与并购绩效——基于并购双方之间信息不对称的研究视角[J]．管理世界，2013(12)：117—132＋187—188．

[10]陈收，戴代强，雷辉．并购对主并购公司效率影响研究[J]．财经理论与实践，2005(6)：31—35．

[11]陈晓静．组织学习方式对隐性知识创新的影响——来自中国企业的

实证研究[J]. 科学学研究,2009(2):262—268.

[12]程兆谦．国外知识视角下的购并研究回顾与展望[J]. 外国经济与管理,2011(4):19—25.

[13]戴万稳,赵曙明,Steve F. Foster. 复杂系统视角下的组织学习动态过程研究[J]. 科学学研究,2006(S1):217—224.

[14]戴万稳,赵曙明,蒋建武,等．复杂系统、知识管理与组织学习过程动态模型研究[J]. 中国软科学,2006(6):120—128.

[15]董俊武,黄江圳,陈震红．动态能力演化的知识模型与一个中国企业的案例分析[J]. 管理世界,2004(4):117—127.

[16]樊建芳．基于认知风格的组织学习管理干预[J]. 中国软科学,2003(8):69—73.

[17]范从来,袁静．成长性、成熟性和衰退性产业上市公司并购绩效的实证分析[J]. 中国工业经济,2002(8):65—72.

[18]方洁,潘海英,刘布勇．企业生命周期、并购能力与价值创造——来自2012—2015年我国沪深A股上市公司的经验证据[J]. 财会月刊,2017(11):24—30.

[19]方军雄．政府干预、所有权性质与企业并购[J]. 管理世界,2008(9):118—123.

[20]冯根福,吴林江．我国上市公司并购绩效的实证研究[J]. 经济研究,2001(1):54—61.

[21]干春晖．并购经济学[M]. 北京:清华大学出版社,2004.

[22]干春晖．并购实务[M]. 北京:清华大学出版社,2004.

[23]高良谋．购并后整合管理研究——基于中国上市公司的实证分析[J]. 管理世界,2003(12):107—114.

[24]葛结根．并购支付方式与并购绩效的实证研究——以沪深上市公司为收购目标的经验证据[J]. 会计研究,2015(9): 74—80+97.

[25]葛伟杰,张秋生,张自巧．基于效率的企业并购能力度量研究[J]. 财经论丛,2015(3): 82—89.

[26]郭冰,吕巍,周颖.公司治理、经验学习与企业连续并购——基于我国上市公司并购决策的经验证据[J].财经研究,2011(10):124-134.

[27]韩立岩,陈庆勇.并购的频繁程度意味着什么——来自我国上市公司并购绩效的证据[J].经济学(季刊),2007(4):1185-1200.

[28]贺小刚,李新春,方海鹰.动态能力的测量与功效:基于中国经验的实证研究[J].管理世界,2006(3):94-103.

[29]胡挺,陆昭怡.并购能力与价值创造——工商银行连续并购东亚银行的经验证据[J].华东经济管理,2013(7):91-95.

[30]江诗松,龚丽敏,魏江.转型经济背景下后发企业的能力追赶:一个共演模型——以吉利集团为例[J].管理世界,2011(4):122-137.

[31]姜付秀,张敏,陆正飞,等.管理者过度自信、企业扩张与财务困境[J].经济研究,2009(1):131-143.

[32]蒋春燕,赵曙明.社会资本和公司企业家精神与绩效的关系:组织学习的中介作用——江苏与广东新兴企业的实证研究[J].管理世界,2006(10):90-99.

[33]焦豪,魏江,崔瑜.企业动态能力构建路径分析:基于创业导向和组织学习的视角[J].管理世界,2008(4):91-106.

[34][美]杰伊.B.巴尼,[新西兰]德章.N.克拉克.资源基础理论:创建并保持竞争优势[M].张书军,苏晓华,译.上海:格致出版社,上海三联书店,上海人民出版社,2011.

[35]靳云汇,贾昌杰.惯性与并购战略选择[J].金融研究,2003(12):90-96.

[36][美]克里斯.阿吉里斯.组织学习[M].李莉,李萍,译.北京:中国人民大学出版社,2004.

[37]李青原.我国上市公司纵向并购的战略动因与经营绩效分析[M].北京:北京大学出版社,2011.

[38]李善民,刘永新.并购整合对并购公司绩效的影响——基于中国液化气行业的研究[J].南开管理评论,2010(4):154-160.

[39]李善民，赵晶晶，刘英．行业机会、政治关联与多元化并购[J]．中大管理研究，2009(4)：1－17.

[40]李善民，周小春．公司特征、行业特征和并购战略类型的实证研究[J]．管理世界，2007(3)：130－137.

[41]李善民，朱滔．多元化并购能给股东创造价值吗？——兼论影响多元化并购长期绩效的因素[J]．管理世界，2006(3)：129－137.

[42]李善民，朱滔，陈玉罡，等．收购公司与目标公司配对组合绩效的实证分析[J]．经济研究，2004(6)：96－104.

[43]李卫民，黄旭．我国上市公司女性高管对企业并购绩效的影响研究[J]．管理工程学报，2014(3)：18－25＋73.

[44]李心丹，朱洪亮，张兵，等．基于DEA的上市公司并购效率研究[J]．经济研究，2003(10)：15－24.

[45]李增泉，余谦，王晓坤．掏空、支持与并购重组——来自我国上市公司的经验证据[J]．经济研究，2005(1)：95－105.

[46]刘笑萍，黄晓薇，郭红玉．产业周期、并购类型与并购绩效的实证研究[J]．金融研究，2009(3)：135－153.

[47]陆昌勤，方俐洛，凌章轻．"组织学习"研究的历史、现状与进展[J]．中国软科学，2001(12)：116－119.

[48]毛雅娟．并购方高管动机与并购贷款的特殊风险控制——来自连续并购现象的经验研究[J]．金融理论与实践，2011(1)：61－65.

[49]米黎钟，李国平．行为金融学对公司购并原因与普遍败绩的解释[J]．金融研究，2005(6)：83－91.

[50][丹麦]尼古莱．J．福斯，克里斯第安．克努森．企业万能：面向企业能力理论[M]．李东红，译．大连：东北财经大学出版社，1998.

[51]潘红波，夏新平，余明桂．政府干预、政治关联与地方国有企业并购[J]．经济研究，2008(4)：41－52.

[52]潘红波，余明桂．支持之手、掠夺之手与异地并购[J]．经济研究，2011(9)：108－120.

[53]潘红波，余明桂．目标公司会计信息质量、产权性质与并购绩效[J]. 金融研究，2014(7)：140－153.

[54]芮明杰，陈晓静．组织学习模型简要评述——基于知识论视角[J]. 管理学报，2006(6)：745－753.

[55][英]萨迪．苏达斯纳．并购创造价值[M]. 张明，等，译．2 版．北京：经济管理出版社，2011.

[56]苏卫东，谢玲红．基于时间间隔的连续并购行为分析[J]. 西北工业大学学报(社会科学版)，2011(1)：28－31.

[57]唐兵，田留章，曹锦周．企业并购如何创造价值——基于东航和上航并购重组案例研究[J]. 管理世界，2012(11)：1－8＋44.

[58]唐建新，陈冬．地区投资者保护、企业性质与异地并购的协同效应[J]. 管理世界，2010(8)：102－116.

[59]陶瑞．并购能力：概念、构成要素与评价[J]. 软科学，2014(6)：108－112＋126.

[60]陶瑞，刘东．企业并购失败的原因分析[J]. 技术经济与管理研究，2012(1)：48－51.

[61]田飞．并购管理能力与并购绩效的关系研究[D]. 北京：北京交通大学，2010.

[62]田飞，张金鑫，张秋生．并购能力研究综述[J]. 生产力研究，2009(2)：171－173.

[63]田高良，韩洁，李留闯．连锁董事与并购绩效——来自中国 A 股上市公司的经验证据[J]. 南开管理评论，2013(6)：112－122.

[64]田海峰，黄祎，孙广生．影响企业跨国并购绩效的制度因素分析——基于 2000－2012 年中国上市企业数据的研究[J]. 世界经济研究，2015(6)：111－118＋129.

[65]王斌，刘章娟．行动、组织学习与公司成长——以北京双鹤药业股份有限公司股权投资为例[J]. 管理世界，2009(6)：146－157.

[66]王长征．并购整合：通过能力管理创造价值[J]. 外国经济与管理，

2000(12):13－19.

[67]王长征．企业并购整合:基于企业能力论的一个综合性理论分析框架[M]. 武汉:武汉大学出版社,2002.

[68]王国顺．企业理论:能力理论[M]. 北京:中国经济出版社,2005.

[69]王会芳,冯根福．中国上市公司总体并购活动的时间统计特征研究[J]. 经济学家,2003(4):105－110.

[70]王艳,阚铄．企业章化与并购绩效[J]. 管理世界,2014(11): 146－157＋163.

[71]吴超鹏,吴世农,郑方镳．管理者行为与连续并购绩效的理论与实证研究[J]. 管理世界,2008(7):126－133.

[72]吴超鹏,叶小杰,吴世农．政治关联、并购绩效与高管变更——基于我国上市公司的实证研究[J]. 经济学家,2012(2):90－99.

[73]吴价宝．基于组织学习的企业核心能力形成机理[J]. 中国软科学,2003(11):65－70.

[74]吴晓波,高忠仕,胡伊苹．组织学习与知识转移效用的实证研究[J]. 科学学研究,2009(1):101－110.

[75]吴正杰,宋献中．企业绩效测评标准选择——困惑、对策与启示[J]. 会计研究,2011(4):75－81.

[76]吴志军．企业并购失败的原因分析[J]. 当代财经,2001(12):64－66.

[77]谢洪明,刘常勇,陈春辉．市场导向与组织绩效的关系:组织学习与创新的影响——珠三角地区企业的实证研究[J]. 管理世界,2006(2):80－94.

[78]谢纪刚,田飞,任翘,等．并购管理能力——解释企业并购失败的新视角[J]. 中大管理研究,2009(4):71－89.

[79]谢玲红,刘善存,邱菀华．学习型管理者的过度自信行为对连续并购绩效的影响[J]. 管理评论,2011(7):149－154.

[80]姚益龙,刘巨松,刘冬妍．要素市场发展差异、产权性质与异地并购绩效[J]. 南开管理评论,2014(5): 102－111.

[81][英]伊迪丝．彭罗斯．企业成长理论[M]. 赵晓,译．上海:上海三联

书店,上海人民出版社,2007.

[82]余鹏翼,王满四．国内上市公司跨国并购绩效影响因素的实证研究[J]. 会计研究,2014(3):64－70＋96.

[83]翟进步,王玉涛,李丹．上市公司并购融资方式选择与并购绩效:“功能锁定”视角[J]. 中国工业经济,2011(12):100－110.

[84][美]詹姆斯·马奇．经验的疆界[M]. 丁丹,译．北京:东方出版社,2011.

[85]张秋生．并购学:一个基本理论框架[M]. 北京:中国经济出版社,2010.

[86]张雯,张胜,李百兴.政治关联、企业并购特征与并购绩效[J]. 南开管理评论,2013(2):64－74.

[87]张小兵．知识吸收能力与组织绩效关系:组织学习视角的实证研究[J]. 管理学报,2011(6):844－851.

[88]张新．并购重组是否创造价值?——中国证券市场的理论与实证研究[J]. 经济研究,2003(6):20－29.

[89]张翼,乔元波,何小锋．我国上市公司并购绩效的经验与实证分析[J].财经问题研究,2015(1):60－66.

[90]周爱香．论连续并购与间隔并购样本的差异[J]. 价值工程,2008(6):166－168.

[91]周长辉,曹英慧．组织的学习空间:紧密度、知识面与创新单元的创新绩效[J]. 管理世界,2011(4):84－97.

[92]周绍妮,章海涛．基于产业演进、并购动机的并购绩效评价体系研究[J]. 会计研究,2013(10):75－82＋97.

[93]周小春,李善民．并购价值创造的影响因素研究[J]. 管理世界,2008(5):134－143.

[94]周瑜胜,宋光辉．集中式股权结构、公司控制权配置与并购绩效——基于中国上市公司2004－2012年股权收购的证据[J]. 山西财经大学学报,2014(8):72－83.

［95］朱红军，汪辉．并购的长期财富效应——经验分析结果与协同效应解释［J］．财经研究，2005(9)：102－113.

［96］Amburgey T. L，Miner A. S. Strategic Momentum：The Effects of Repetitive，Positional，and Contextual Momentum on Merger Activity. Strategic Management Journal. 1992，13(5)：335－348.

［97］Barney J. B. Asset Stocks and Sustained Competitive Advantage：A Comment. Management Science. 1989，35(12)：1511－1513.

［98］Barney J. B. Is the Resource－Based "View"a Useful Perspective for Strategic Management Research? Yes. The Academy of Management Review. 2001，26(1)：41－56.

［99］Barney J. B. Strategic Factor Markets：Expectations，Luck，and Business Strategy. Management Science. 1986，32(10)：1231－1241.

［100］Barney J. B. The Resource－Based Theory of the Firm. Organization Science. 1996，7(5)：469.

［101］Crossan M. M，Lane H. W，White R E. An Organizational Learning Framework：From Intuition to Institution. The Academy of Management Review. 1999，24(3)：522－537.

［102］Deepak K. Datta. Organizational fit and acquisition performance：Effects of post－acquisition integration. Strategic Management Journal. 1991，12(4)：281－297.

［103］Dierickx I，Cool K. Asset Stock Accumulation and Sustainability of Competitive Advantage. Management Science. 1989，35(12)：1504－1511.

［104］Finkelstein S，Haleblian J. Understanding Acquisition Performance：The Role of Transfer Effects. Organization Science. 2002，13(1)：36－47.

［105］H. Kent Baker，Shantanu Dutta，Samir Saadiet al. Are Good Performers Bad Acquirers? Financial Management. 2012，41(1)：95－118.

［106］Haleblian J. J，Kim J. J，Rajagopalan N. The Influence of Acquisition Experience and Performance on Acquisition Behavior：Evidence from the

U. S. Commercial Banking Industry. The Academy of Management Journal. 2006,49(2):357—370.

[107]Haleblian J,Finkelstein S. The Influence of Organizational Acquisition Experience on Acquisition Performance: A Behavioral Learning Perspective. Administrative Science Quarterly. 1999,44(1):29—56.

[108]Holmqvist M. Experiential Learning Processes of Exploitation and Exploration within and between Organizations:An Empirical Study of Product Development. Organization Science. 2004,15(1):70—81.

[109]Jarrad Harford,Kai Li. Decoupling CEO Wealth and Firm Performance: The Case of Acquiring CEOs. The Journal of Finance. 2007,62(2):917—949.

[110]Ji—Yub Jay Kim,Sydney Finkelstein. The effects of strategic and market complementarity on acquisition performance: evidence from the U. S. commercial banking industry - 2001. Strategic Management Journal. 2009,30,1989(6):617—646.

[111]John A. Doukas, Dimitris Petmezas. Acquisitions, Overconfident Managers and Self—attribution Bias. European Financial Management. 2007, 13(3):531—577.

[112]John B. Kusewitt. An exploratory study of strategic acquisition factors relating to performance. Strategic Management Journal. 1985,6(2):151—169.

[113]Kale P,Singh H. Building Firm Capabilities through Learning:The Role of the Alliance Learning Process in Alliance Capability and Firm—Level Alliance Success. Strategic Management Journal. 2007,28(10):981—1000.

[114]Katrin Muehlfeld,Padma Rao Sahib,Arjen Van Witteloostuijn. A contextual theory of organizational learning from failures and successes: A study of acquisition completion in the global newspaper industry: 1981—2008. Strategic Management Journal. 2012,33(8):938—964.

[115]Kelly D, Amburgey T L. Organizational Inertia and Momentum: A Dynamic Model of Strategic Change. The Academy of Management Journal. 1991,34(3):591—612.

[116]Kenneth Carow, Randall Heron, Todd Saxton. Do early birds get the returns? An empirical investigation of early—mover advantages in acquisitions. Strategic Management Journal. 2004,25(6):563—585.

[117]Laurence Capron. The long—term performance of horizontal acquisitions. Strategic Management Journal. 1999,20(11):987—1018.

[118]Lawrence T B, Mauws M K, Dyck B, et al. The Politics of Organizational Learnin: Integrating Power into the 4I Framework. The Academy of Management Review. 2005,30(1):180—191.

[119]Luiz F. Mesquita, Jaideep Anand, Thomas H. Brush. Comparing the resource—based and relational views: knowledge transfer and spillover in vertical alliances. Strategic Management Journal. 2008,29(9):913—941.

[120]Makadok R, Barney J B. Strategic Factor Market Intelligence: An Application of Information Economics to Strategy Formulation and Competitor Intelligence. Management Science. 2001,47(12):1621—1638.

[121]Mario Schijven, Michael A. Hitt. The vicarious wisdom of crowds: toward a behavioral perspective on investor reactions to acquisition announcements. Strategic Management Journal. 2012,33(11):1247—1268.

[122]Mark Kroll, Bruce A. Walters, Peter Wright. Board vigilance, director experienceand corporate outcomes. Strategic Management Journal. 2008,29(4):363—382.

[123]Mathew L. A. Hayward. Professional influence: The effects of investment banks on clients' acquisition financing and performance. Strategic Management Journal. 2003,24(9):783—801.

[124]Mathew L. A. Hayward. When do firms learn from their acquisition experience? Evidence from 1990 to 1995. Strategic Management Journal. 2002,

23(1):21—39.

[125]Maurizio Zollo, Harbir Singh. Deliberate Learning in Corporate Acquisitions: Post — Acquisition Strategies and Integration Capability in U. S. Bank Mergers. Strategic Management Journal. 2004,25(13):1233—1256.

[126]Maurizio Zollo, Jeffrey J. Reuer, Harbir Singh. Interorganizational Routines and Performance in Strategic Alliances. Organization Science. 2002, 13(6):701—713.

[127]Maurizio Zollo, Sidney G. Winter. Deliberate Learning and the Evolution of Dynamic Capabilities. Organization Science. 2002,13(3):339—351.

[128]Maurizio Zollo. Superstitious Learning with Rare Strategic Decisions: Theory and Evidence from Corporate Acquisitions. Organization Science. 2009,20(5):894—908.

[129]Mehmet E. Akbulut, John G. Matsusaka. 50+ Years of Diversification Announcements. Financial Review. 2010,45(2):231—262.

[130]Michael Hitt, Jeffrey Harrison, R. Duane Irelandet al. Attributes of Successful and Unsuccessful Acquisitions of US Firms. British Journal of Management. 1998,9(2):91—114.

[131]Michael L. McDonald, James D. Westphal, Melissa E. Graebner. What do they know? The effects of outside director acquisition experience on firm acquisition performance. Strategic Management Journal. 2008, 29(11): 1155—1177.

[132]Peteraf M A. The Cornerstones of Competitive Advantage: A Resource—Based View. Strategic Management Journal. 1993,14(3):179—191.

[133]Pettus M. L. The Resource — Based View as a Developmental Growth Process: Evidence from the Deregulated Trucking Industry. The Academy of Management Journal. 2001, 44(4):878—896.

[134]Ronanald W. Masulis, ShawnMobbs Are All Inside Directors the Same? Evidence from the External Directorship Market. The Journal of Fi-

nance. 2011, 66(3):823—872.

[135]Schipper K, Thompson R. The Impact of Merger—Related Regulations on the Shareholders of Acquiring Firms. Journal of Accounting Research. 1983, 21(1):184—221.

[136]Tomi Laamanen, Thomas Keil. Performance of serial acquirers: Toward an acquisition program perspective. Strategic Management Journal. 2008, 29(6):663—672.

[137]Vera D, Crossan M. Strategic Leadership and Organizational Learning. The Academy of Management Review. 2004, 29(2):222—240.

[138]Vermeulen F, Barkema H. Learning through Acquisitions. The Academy of Management Journal. 2001, 44(3):457—476.

[139]Weilei Stone Shi, John E. Prescott. Sequence Patterns of Firms' Acquisition and Alliance Behaviour and their Performance Implications . Journal of Management Studies. 2011, 48(5):1044—1070.

[140]Wernerfelt. A Resource—Based View of the Firm. Strategic Management Journal. 1984, 5(2):171—180.

[141]Aktas, N. , E. de Bodt and R. Roll, Learning, hubris and corporate serial acquisitions. Journal of Corporate Finance, 2009, 15(5): p. 543—561.

[142]Aktas, N. , E. de Bodt and R. Roll, Learning from repetitive acquisitions: Evidence from the time between deals. Journal of Financial Economics, 2013, 108(1): p 99—117.

[143]Castellaneta, F. and R. Conti. How does acquisition experience create value? Evidence from a regulatory change affecting the information environment. European Management Journal, 2017, 35(1): p. 60—68.

[144]Chao, Y. Organizational learning and acquirer performance: How do serial acquirers learn from acquisition experience? Asia Pacific Management Review, 2017.

[145]Field, L. C. and A. Mkrtchyan. The effect of director experience on

acquisition performance. Journal of Financial Economics, 2017, 123(3): p. 488—511.

[146]Peng, Y. and C. Fang. Acquisition experience, board characteristics, and acquisition behavior. Journal of Business Research, 2010, 63(5): p. 502—509.

[147]Popli, M. , R. M. Ladkani and A. S. Gaur, Business group affiliation and post — acquisition performance: An extended resource — based view. Journal of Business Research, 2017, 81: p. 21—30.

[148]Shams, S. M. M. and A. Gunasekarage, Operating performance following corporate acquisitions: Does the organisational form of the target matter? Journal of Contemporary Accounting & Economics, 2016, 12(1): p. 1—14.

[149]Teerikangas, S. and I. C. Thanos, Looking into the 'black box' - unlocking the effect of integration on acquisition performance. European Management Journal, 2018, 36(3): p. 366—380.

[150]Parola, H. R. , Ellis, K. M. and Golden, P. Performance effects of top management team gender diversity during the merger and acquisition process. Management Decision, 2015, 53(1), pp. 57—74.

[151]Hutzschenreuter, T. , Kleindienst, I. and Schmitt, M. How mindfulness and acquisition experience affect acquisition performance. Management Decision, 2014, 52(6), p. 1116—1147.

[152] Friedman, Y. , Carmeli, A. , Tishler, A. and Shimizu, K. Untangling micro — behavioral sources of failure in mergers and acquisitions: a theoretical integration and extension. The International Journal of Human Resource Management, 2016, 27(20), pp. 2339—2369.

[153] Trichterborn, A. , Knyphausen — Aufseβ, Z. and Schweizer, L. How to improve acquisition performance: The role of a dedicated M & A function, M & A learning process, and M &A capability. Strategic Manage-

ment Journal, 2016, 37(4), pp. 763—773.

[154]Basuil, D. A. and Datta, D. K. Effects of industry - and region - specific acquisition experience on value creation in cross - border acquisitions: The moderating role of cultural similarity. Journal of Management Studies, 2015, 52(6), pp. 766—795.

[155]Nummela, N. and Hassett, M. Opening the black box of acquisition capabilities. The Routledge Companion to Mergers and Acquisitions, 2015, p. 74.

后　记

本书是基于博士论文基础上的修改，增加了2012年之后文献中的一些观点。在修改过程中，阅读到关于并购能力与并购绩效相关的新的文献，非常感慨，2012年之后又有更多的新的学者在这个领域里探索，通过跨国并购研究，赋予并购能力与并购经验研究新的生命。回想读博士期间，对并购能力国内的研究的学者屈指可数，并购能力的界定、并购能力的度量在当时都成为撰写中的难题。国外实证研究中一般用并购经验作为并购能力的替代变量，因此撰写期间也借鉴了这一方法。随着时间的流逝，后来学者通过不同学科、不同计量方法对并购能力的界定和度量上做出了新的突破，看到这些文献的时候，内心由衷的感慨！

本书能够如期出版，首先非常感谢来到英国诺丁汉大学访学的一年时间，让自己沉淀下来去琢磨这个问题。诺丁汉大学是一所美丽的校园，校园有着随处可见的绿色草地，无论春夏秋冬，都散发着大自然宁静的气息，踏进校园的瞬间，心灵快速地得到洗礼，让人平静，感到幸福！我最经常去的地方是诺丁汉大学Jubilee Campus的图书馆（Djanogly Learning Resource Center）。图书馆依水而建，坐落在水面上，螺旋式阶梯可以达到顶楼的机房，也可以沿着图书馆内侧靠窗走道，徐步而上，透过右边的玻璃大窗，能够观看到360度的湖面风景，一对永不分离的白天鹅，成群结队的各种体格的野鸭、水鸟和来势凶猛的海鸥。再高点，俯瞰湖面能够看到水里的鱼游来游去，这里的鱼就是一条一条鱼精，能够追赶岸边人的脚步，探出水面与路人打招呼。几乎每天我都会到这里，找到那个专属我的位置，没人打扰，开始一天的工作。

其次，要感谢湖北省教育厅2017年度科研计划项目（D20171401）和湖北工业大学博士科研基金启动项目（BSQD13075）资金资助。博士毕业之后申请到湖北工业大学博士科研基金资助，能够让自己的思想火花在湖工大的土地上生根发芽。随着想法的深入，2017 年得到湖北省教育厅资金的鼎力支持，给予我在科研道路上向前再迈进一步的机会。

借此机会，还要感谢家人、领导、同事以及所有帮助过我的人。

最后，因学识有限，时间仓促，专著还存在瑕疵，不当之处，敬请各位专家批评和指正。

宋迎春

2018 年 5 月于诺丁汉大学